LA EXPLOSIÓN
DE LOS GRUPOS
CELULARES
EN LOS HOGARES

*Cómo un grupo pequeño
en su hogar
puede crecer y multiplicarse*

JOEL COMISKEY

LA EXPLOSIÓN DE LOS GRUPOS CELULARES EN LOS HOGARES

*Cómo un grupo pequeño
en su hogar
puede crecer y multiplicarse*

editorial clie

Editorial CLIE
Galvani, 113
08224 TERRASSA (Barcelona)

LA EXPLOSIÓN DE LOS GRUPOS CELULARES EN LOS HOGARES
Cómo un grupo pequeño en su hogar puede crecer y multiplicarse

© 2000 Editorial CLIE para la versión española

Publicado originalmente por *TOUCH Publications* con el título:
HOME CELL GROUP EXPLOSION
How your small group can grow and multiply
© 1998 by Joel Comiskey

Traducción: Edmundo Goodson

Diseño y maquetación interior: Nicanor Gálvez-CLIE

Depósito legal: B-15.981-2000
ISBN: 84-8267-123-5

Impreso en los Talleres Gráficos de la M.C.E. Horeb,
E.R. nº 2.910 SE – Polígono Industrial Can Trias,
c/Ramon Llull, 5-7 – 08232 VILADECAVALLS (Barcelona)

Printed in Spain

Clasifíquese: 500 ECLESIOLOGÍA: Iglecrecimiento-Métodos y estrategias
C.T.C. 01-06-0500-16
Referencia: 22.42.63

ÍNDICE

E ste es un libro para la cosecha.

Estamos viviendo ahora en medio de la más grande cosecha de almas que la historia cristiana haya registrado jamás. Se están convirtiendo más personas, y más iglesias se están multiplicando que lo que alguien podría haber imaginado hace sólo unos pocos años atrás.

Esas son las buenas noticias. Las malas noticias son que mucho de ese fruto que es cosechado no permanece. Mientras por un lado nos regocijamos correctamente por el crecimiento del reino de Dios, por el otro lado los que saben se dan cuenta que debería estar creciendo aún más de lo que crece ahora.

¿Por qué razón, por ejemplo, las campañas evangelísticas que alcanzan ciudades enteras, que continúan siendo populares década tras década, tienen tan pocos convertidos en las iglesias locales un año después? La norma ha sido que de las personas que hacen una decisión por Cristo por primera vez en la campaña, la cantidad que termina en las iglesias se sitúa entre 3 y 16 por ciento. Nadie, incluyendo los mismos evangelistas, está contento con estas cifras.

Además, muchas iglesias que tienen fuertes ministerios de evangelización y que tienen un cierto número de convertidos entrando en sus iglesias también tienen abiertas amplias puertas traseras. El crecimiento anual de su iglesia no refleja el flujo de entrada de los miembros nuevos como debía.

Las situaciones que acabo de describir son muy familiares, y conocidas por todas partes. Sin embargo, todos los esfuerzos en la evangelización y todas las iglesias que están creciendo no han sido víctimas de personas que se les escapan de las manos. En términos generales, las iglesias que están reteniendo el mayor porcentaje de su cosecha son las que han desarrollado con éxito su infraestructura. Hay diferentes maneras de tratar con esa infraestructura, pero la mayoría de las iglesias que lo han hecho hoy día, y que han quebrado vez tras vez la barrera del crecimiento son las iglesias que han enfatizado los grupos celulares caseros.

Nadie conoce esto mejor que mi amigo Joel Comiskey. Él es una combinación de un profesional de la iglesia local y un esforzado erudito. En lugar de escribir un libro sobre "aquí está cómo lo hacemos en nuestra iglesia," Joel pasó cientos de horas y miles de dólares para visitar personalmente ocho de las iglesias de grupos celulares de mayor visión hoy día, para entrevistar a sus líderes, para participar en la vida de las iglesias, y para registrar sus hallazgos en este libro, *La Explosión de los Gupos Celulares Caseros.*

Yo amo este libro porque no está enfocado en la célula casera, sino en los perdidos. Otros libros tratan con la dinámica de la célula misma, pero éste se enfoca en la multiplicación de las células para los mayores resultados de la evangelización. Si su iglesia tiene una puerta trasera abierta, usted tiene en sus manos una guía para cerrarla. Si una parte del fruto que usted está viendo no es fruto que permanece, aquí tiene la manera para cambiar la situación para bien.

¡La Explosión de los Grupos Celulares Caseros es verdaderamente un libro para la cosecha!

C. Peter Wagner
Seminario Teológico Fuller

PREFACIO

A l escribir, tengo delante varios libros sobre los grupos pequeños. Cubren varios temas de la Biblia y de los grupos pequeños hasta las dinámicas de los grupos pequeños y el puro ministerio de la iglesia celular. Ninguno de ellos, sin embargo, enfoca el tema de la evangelización con grupos pequeños. El Dr. Van Engen, profesor de Misiología en el Seminario Teológico Fuller, expresó este vacío durante mi defensa propuesta para mi graduación (Ph.D.). "Hay suficientes libros sobre las dinámicas de los pequeños grupos," dijo él. "Sin embargo, necesitamos aprender cómo evangelizan los grupos pequeños." Ese día me sentí llamado a cumplir con dicha comisión. Éste, entonces, es un libro acerca de la manera en que evangelizan, crecen y finalmente se multiplican, los grupos pequeños.

D e una manera muy sutil, Dios me ha llevado en la vida por el camino del ministerio de los grupos celulares. Tres años después de recibir al Señor Jesucristo a la edad de 17 años, sentí el llamado a empezar un estudio bíblico en casa. Los amigos se reunían todas las semanas para escuchar a este joven y fervoroso adolescente; por la gracia de Dios, algunos de ellos se quedaron. Durante una de esas sesiones, Jesús me llamó para ser misionero.

Como candidato a misionero por la Alianza Cristiana y Misionera, planté una iglesia urbana en Long Beach, California. Para comenzar la iglesia en 1984, reuní a las personas en mi casa. Ese mismo año, David Yonggi Cho, pastor de la iglesia más grande del mundo, dio varias conferencias sobre el crecimiento de la iglesia, en el Seminario Teológico de Fuller. Yo le escuchaba absorto, mientras él contaba una historia tras otra sobre cómo cada uno de los 500.000 miembros de la Iglesia del Evangelio Completo Yoido, en Seúl, Corea, recibía el cuidado pastoral por medio de uno de los 20.000 grupos celulares de la iglesia.

Lleno de entusiasmo, compré el libro de Cho, titulado *Successful Home Cell Groups* (Grupos Celulares de Éxito en el Hogar), y comencé a enseñar en mi iglesia[1] a los líderes claves. El entusiasmo duró por un tiempo, y empezamos cuatro células. Pero después de introducir un culto los domingos de mañana, perdió fuerza mi atención por el grupo pequeño. Las responsabilidades de la iglesia ab-

sorbieron mis esfuerzos. Sin embargo, nunca perdí la visión y el entusiasmo por lo que una iglesia puede llegar a ser por medio de un ministerio de células (grupos pequeños).

Unos años después, fui misionero en Ecuador, y llegó la oportunidad de rescatar de las cenizas mi visión de un ministerio para grupos pequeños. Mi esposa y yo fuimos puestos en un equipo pastoral en una iglesia estratégica de Quito, Ecuador, en la cual debíamos estimular el crecimiento de una iglesia "hija". Muchos recibieron a Cristo mes tras mes, pero relativamente pocos se quedaron. Luchamos como equipo pastoral para aprender cómo cerrar «la puerta trasera». Planificamos actividades para la Escuela Dominical, clases para creyentes nuevos y programas de visitación; todo con muy escaso éxito.

Mi primer año en ese equipo pastoral fue una noche oscura para mi alma. Los otros pastores escucharon muy correctamente mis sugerencias, en un español entrecortado. Anhelaba poder comunicar ideas para el crecimiento de la iglesia, pero me faltaba fluidez y el conocimiento cultural. Semana tras semana, salía de la reunión del equipo pastoral descorazonado y quebrantado. En un momento dado, el líder del equipo consideró seriamente reemplazarme por un misionero más experimentado que volvía de sus vacaciones.

En esos momentos oscuros, cuando oscilaba entre el éxito y el fracaso como misionero primario, Dios empezó a hablar. Él me mostró que nuestra iglesia (El Batán) necesitaba desesperadamente un ministerio celular. Dios puso una carga en mi corazón que yo no podía quitar. Y sabía que provenía de Él. Las visiones de David Yonggi Cho inundaron mi mente. Cuando compartí esta visión con el equipo pastoral, ellos nos dieron a mi esposa y a mí luz verde para seguir.

Ya estábamos trabajando con estudiantes universitarios; así que los organizamos en cinco grupos, que se enfocaban en la evangelización y el discipulado. Esos grupos empezaron a crecer. Pronto los matrimonios más jóvenes quisieron que organizáramos grupos pequeños entre ellos. Esos grupos empezaron a multiplicarse y a llevar fruto también. Crecimos de cinco grupos, en 1992, a 51 grupos, en 1994. Aproximadamente 400 personas, la mayoría de ellos nuevos convertidos, fueron agregados a la iglesia El Batán y empezaron a asistir a los cultos del domingo por la mañana. En Ecuador, donde sólo un 3,5 por ciento de la población conocía a Jesucristo como su Señor y Salvador, era evidente que ésta era una obra de Dios.

Posteriormente, El Batán vio nacer una iglesia "hija". Usando el concepto de la célula, empezamos con 10 grupos celulares de 150 personas. En menos de un año, las 10 células se multiplicaron por 20, y la iglesia creció a 350 personas. El crecimiento de la iglesia continúa constante, con las células como su base.

Dios es soberano. Nunca en mis sueños más salvajes habría podido imaginar que yo viajaría alrededor del mundo «en busca de la iglesia celular perfecta». Pero eso es exactamente lo que hice durante dos años. Mis estudios (Ph.D.) para descubrir los secretos del movimiento celular me llevaron a Corea, Singapur, Louisiana, El Salvador, Honduras, Colombia, Ecuador y Perú. Mi mentor, C. Peter Wagner, creyó en mí y en mi trabajo, proporcionándome así la necesaria inspiración.

—A ella le agrada asistir a mi grupo celular; y sí, ella llegará a ser una creyente en el futuro —me dijo René.

La confianza de René de que María recibiría a Jesús en el futuro estaba basada en el hecho de que docenas y docenas de personas han recibido a Cristo a través de su grupo celular. René y su esposa Patricia reciben con los brazos abiertos a los que no son creyentes todavía y les hacen sentirse como en familia. Y éstos se dan cuenta de la libertad que tienen los grupos celulares para compartir sus temores, dudas y sentimientos.

Cierta noche visité el grupo celular de René. Noté que una pareja decía muy poco. Cuando se les pidió que compartieran sus pensa-

mientos sobre un pasaje bíblico, se hizo evidente que les faltaba una relación personal con Jesucristo. René no "saltó" sobre ellos con las buenas noticias. En la atmósfera cálida y abierta de la casa de René, finalmente ellos se sintieron libres para expresarse. René cerró la célula, pidiendo que cualquiera que quisiera repitiera "la oración del pecador" con él (para recibir a Cristo). Con la compasión de Cristo, René los estaba guiando al Salvador.

René y Patricia han multiplicado varias veces su grupo celular. Ellos entienden la multiplicación y los principios de una evangelización eficaz.

Y yo también sé lo que significa empezar un ministerio celular desde la nada. He experimentado el fracaso, pero también he probado el sabor del éxito. De la experiencia personal y de una investigación profunda, he descubierto principios dinámicos y visiones prácticas para enseñar a otros que tienen la visión de alcanzar el mundo a través de las iglesias celulares. Por la gracia de Dios, estos principios se encuentran en las siguientes páginas.

Este libro ha sido diseñado para ayudar al lector a ser un líder de célula eficaz. A lo largo de este libro, se le enfoca a usted como un líder de célula.

Así, la sección *Resumen del capítulo* le dará una apreciación global de lo que se trató en el capítulo. He intentado dar una visión de vuelo de pájaro a los puntos principales. Las *Preguntas para meditar* están diseñadas para estimular la discusión. He usado principalmente, preguntas abiertas. La sección *Pasajes relacionados de la Biblia* cubre los temas mayores de cada capítulo; primero lea el pasaje y luego conteste la(s) pregunta(s) de la aplicación. La cuarta y última sección se denomina *Actividades prácticas*. En esta sección, usted descubrirá diversas actividades para ayudarle a aplicar los principios del capítulo.

CÓMO USAR LA GUÍA DE ESTUDIO

Mi consejo es que se lea primero, o se relea, cada capítulo en el libro. Después de hacer esto, siéntase libre para escoger mejor qué secciones en la guía de estudio se aplican a sus necesidades inmediatas. Usted podría decidir concentrarse, por ejemplo, en la sección *Resumen del Capítulo*, algunas preguntas de la sección de *Preguntas para Meditar* y una o dos actividades de la sección de *Actividades Prácticas*. Use su creatividad para aplicar esta guía de estudio a su situación particular.

Hay una persona que merece un reconocimiento especial: Steve Cordle, pastor de Crossroads United Methodist Church en Pittsburgh preparó su propia guía de estudio para *La Explosión de los Grupos Celulares Caseros* mientras esperaba que el mío fuera desarrollado. Steve me envió cortésmente su guía y entonces me permitió entresacar lo que necesitara de él. Usé algunas de sus preguntas y dinámicas de grupo. Gracias, Steve.

Mi oración es que esta guía de estudio le ayudará a entender y aplicar mejor los principios de *La Explosión de los Grupos Celulares Caseros*.

CAPÍTULO 1
IGLESIAS CELULARES EXITOSAS

«**S**i usted quiere saber cómo crecen las iglesias, ¡estudie las iglesias que están creciendo!» Esta sola frase incluye el centro de la investigación del crecimiento de las iglesias. Usted puede haber pensado que éste era un libro sobre la evangelización de pequeños grupos, pero estos dos asuntos no pueden ser separados. Al menos no deberían.

Abreviatura	Iglesia	Localidad	Pastor	Nº Células	Nº Miembros
COMB	Ctro. Oración M. Betania	Baker, EEUU	Larry Stockstill	600+	7.500
CCG	Ctro. Crist. Guayaquil	Guayaquil, Ecuador	Jerry Smith	2.000	7.000
IE	Iglesia Elim	San Salvador	Jorge Galindo	6.000	35.000
IBCF	Iglesia Bautista Comunidad Fe	Singapur	Lawrence Khong	550	9.000
MCI (1)	Misión Carismática Internacional	Bogotá, Col.	César Castellanos	17.000	35.000+
IAV	Iglesia Amor Viviente	Tegucigalpa Honduras	René Peñalba	800	7.000
IAV	Iglesia Agua Viva	Lima, Perú	Juan Capurro	950	9.000
IPEY	Igl. Pleno Ev. Yoido	Seúl, Corea	David Cho	25.000	153.000

Tabla 1. Descripción de Las Iglesias Investigadas

(1) Nota: La cifra de 35.000 personas y 17.000 grupos celulares sólo se aplican a la iglesia madre. Hay otras 10.000 personas y 7.000 grupos celulares en los doce anexos alrededor de Bogotá, formando un total de 45.000 personas y 24.000 grupos celulares.

La evangelización de los pequeños grupos y el crecimiento dinámico de la iglesia son dos lados de la misma moneda. Son una misma cosa.

Cuando yo empecé a estudiar la evangelización de los grupos pequeños, escogí investigar las iglesias con base en células más prominentes y de crecimiento más rápido en el mundo. ¿Por qué no estudiar lo que funciona? Estas iglesias están ubicadas en ocho países diferentes y son de cuatro culturas distintas.

Como puede verse en la tabla anterior (Núm. 1), la evangelización de los pequeños grupos que da por resultado un crecimiento dinámico de la iglesia es un fenómeno mundial. Ya no es EE.UU. la fuente del conocimiento cristiano para el resto del mundo. Sin embargo, un ejemplo excelente en EE.UU. es el Centro de Oración Mundial Betania en Baker, Louisiana, la primera iglesia de células en EE.UU. Todos los años, 1200 pastores asisten a los seminarios de pequeños grupos en el COMB. Betania lleva la delantera principalmente debido a su disposición para aprender de otras iglesias de crecimiento rápido alrededor del mundo. Betania ha enviado a sus líderes para aprender los principios de las iglesias celulares en Colombia, El Salvador, Corea y Singapur.

Para aprender de las ocho iglesias del recuadro, pasé un promedio de ocho días en cada una de ellas. Más de 700 líderes de células completaron mi estudio de 29 preguntas, diseñadas para determinar por qué algunos líderes de células tienen éxito y otros fallan al evangelizar y dar nacimiento a un nuevo grupo celular.[1] La encuesta exploró áreas tales como el entrenamiento del líder celular, su status social, sus devociones, educación, preparación de material, edad, dones espirituales, género, etc. Este análisis estadístico ayudó a mantenerme sin prejuicios y me permitió entender los principios que eran comunes a las diferentes culturas.

Cierta vez Donald McGavran dio una ilustración de dos pastores que predicaban la Palabra de Dios. Uno decía que su iglesia crecía porque él predicaba la Palabra de Dios, mientras que el otro insistió que su iglesia no crecía porque él predicaba la Palabra de Dios. Al principio me reí, pero después reconocí su aplicación al tema actual. Muy a menudo los líderes cristianos realmente no saben por qué las iglesias crecen o declinan. Prevalecen las interpretaciones individuales y las opiniones personales. Una confusión similar abunda sobre la multiplicación de la célula.

Mientras continúa la explosión demográfica en el siglo 21, el modelo de la iglesia celular tiene grandes posibilidades de alcanzar un mundo perdido para Jesucristo. Yo oro que la información recogida de estas iglesias celulares le ayudarán a usted y a su iglesia para completar la misión de nuestro Señor Jesucristo más efectivamente.

Resumen del capítulo

- El propósito de cada grupo pequeño es igual que el propósito de la iglesia: crecimiento y multiplicación.

- Muchas opiniones subjetivas sobre el crecimiento de la iglesia prevalecen hoy debido a la falta de pruebas concluyentes.

- Los líderes de célula deben aprender de otros líderes de célula exitosos maduros para ayudarles a tener éxito.

Preguntas para meditar

- Según usted, ¿por qué es verdad que Estados Unidos de Norte América ya no es la fuente del Cristianismo para el resto del mundo?

- Describa en sus propias palabras la ilustración que Donald McGavran usaba para describir el crecimiento de la iglesia en dos iglesias que creen en la Biblia.

- ¿Cree usted que Dios quiere que su iglesia crezca? Explique por qué.

- ¿Cómo se sentiría si usted fuera un miembro de una de las iglesias grandes descritas en este capítulo?

- ¿Es mejor ver a un bebé nacido en una sala de un hospital con la esperanza de hallar una familia en la cual crecer y madurar, o es mejor tener un bebé que nazca en el contexto de una familia existente? Describa cómo esta ilustración se aplica a nuevos convertido ganados en los cultos de adoración de la iglesia versus los que se convierten en un grupo celular en una casa.

PASAJES DE LA BIBLIA RELACIONADOS

- Lea 2 Pedro 3:8-9.

- ¿Por qué no ha vuelto Jesús todavía? Si Cristo está esperando para que más personas se salven antes de venir otra vez, ¿cómo debe motivar esto a la iglesia? ¿Y a su grupo celular?

- Lea 1 Timoteo 2:3-5.

- ¿Cómo se aplica la voluntad de Dios que todos los hombres sean salvos, en su grupo celular? ¿Cómo se relaciona con el crecimiento de su iglesia?

ACTIVIDADES PRÁCTICAS

- Lea acerca de una iglesia celular que está creciendo.

- Visite una iglesia celular creciente.

- Anote las maneras positivas en que su grupo celular ha sido una herramienta para la evangelización (el que usted dirige o al que asiste).

- Anote las razones por qué su grupo celular *no* ha estado concentrándose en los que no son cristianos.

- Pretenda que una nación invasora tomará EE.UU. este fin de semana e inmediatamente se moverá para cerrar todas las iglesias. El edificio de su iglesia será confiscado, y posiblemente su pastor podría ser arrestado. En los próximos cinco minutos reúnase con otras dos personas y desarrollen un plan que permitiría que la esencia de la misión de su iglesia continúe.

CAPÍTULO 2
LOS FUNDAMENTOS DE LA IGLESIA CELULAR

QUÉ ES UNA «IGLESIA CELULAR»

Así que, ¿qué es exactamente una iglesia celular? Dicho simplemente, es una iglesia que ha hecho de los grupos pequeños evangelísticos el centro de su ministerio. El ministerio de la célula no es «otro programa»; es el corazón mismo de la iglesia. Como dice Lawrence Khong, el pastor de la Iglesia Bautista Comunidad de Fe en Singapur:

> Hay una vasta diferencia entre una iglesia con células y una iglesia celular. ... No hacemos otra cosa sino la célula. Todo lo que la iglesia debe hacer –entrenar, equipar, discipular, evangelizar, orar y adorar– se realiza a través de la célula. Nuestro culto del domingo es sólo una celebración corporativa.[1]

Las células son pequeños grupos abiertos, enfocados hacia la evangelización que están entrelazados en la misma vida de la iglesia. Se reúnen todas las semanas para edificarse los unos a los otros como miembros del Cuerpo de Cristo, y para extender el evangelio a aquellos que no conocen a Jesús. El propósito final de cada célula es el de multiplicarse al ir creciendo el grupo por medio de la evangelización y consiguientes conversiones. De esta manera se agregan los nuevos miembros a la iglesia y al reino de Dios. Los miembros de los grupos celulares también son exhortados a asistir a la reunión de toda la iglesia, donde todas las células se encuentran para el culto.

Este eslabón fundamental entre una iglesia y sus pequeños grupos es una de las diferencias más significativas entre las iglesias celulares y las iglesias en las casas. Ralph Neighbour (hijo) hace una aclaración que es de gran ayuda:

> *«Hay una clara diferencia entre la iglesia en la casa y los movimientos de grupos celulares. La iglesia en la casa tiende a reunir una comunidad de 15-25 personas que se reúnen semanalmente. Por lo general, las iglesias en las casas están aisladas unas de otras. Aunque pueden tener algún contacto con iglesias caseras cercanas, generalmente no reconocen ninguna estructura fuera de ellos mismos.»*[2]

De nuevo, no todos los grupos pequeños son grupos celulares. Los expertos estiman que en EE.UU. sólo, 80 millones de personas mayores pertenecen a un grupo pequeño.[3] Uno de cada seis de éstos son miembros nuevos de un grupo pequeño, que demuestra que los grupos pequeños están vivos y creciendo.[4] Lyle Schaller, después de hacer una lista de 20 innovaciones en la escena de la iglesia americana moderna, nota que: «...Quizás lo más importante de todo es la decisión de decenas de millones de adolescentes y adultos de establecer una alta prioridad personal en su participación semanal en grupos de oración y estudio bíblico continuado, serio, con profundidad, y dirigido por creyentes sin el título de pastor.»[5]

Gran parte del movimiento de los grupos pequeños en EEUU, sin embargo, promueven la salud personal al costo de la evangelización. Por ejemplo, Michael Mack en *The Synergy Church* (La Iglesia Sinérgica) analiza el «modelo del pacto» de los grupos pequeños americanos: «... No se invitan a las personas nuevas ni se les da la bienvenida –aunque el grupo no tuviera la intención de ser cerrado al principio. No hay ningún sistema organizado para la multiplicación de estos grupos».[6] Mack sigue diciendo: «... en muchas iglesias los grupos pequeños no están abiertos a los recién llegados y no se han establecido para multiplicar.»[7]

Semejante mentalidad es inconcebible en una iglesia celular. La evangelización que conduce a la multiplicación celular es combustible para el resto de la iglesia. Dale Galloway, el fundador de Iglesia de la Comunidad Nueva Esperanza en Portland, Oregón, declara: «Los grupos cerrados son restringidos, un callejón sin salida, y no cumplen con la Gran Comisión».[8] Carl F. George es todavía más enfático:

> *Muéstreme un grupo de edificación que no está abierto a recibir nueva vida, y yo les garantizo que está muriendo. Si las células son unidades de redención, entonces nadie puede clausurar los botes salvavidas y poner un cartel: «Aquí no eres bienvenido». La idea de los miembros del grupo de encerrarse para realizar el discipulado es una enfermedad que destruirá el mandato misionero de cualquier iglesia.[9]*

El ministerio celular es la columna vertebral misma de las ocho iglesias incluidas en este estudio. Ellos organizan el personal pastoral, el número de miembros, los bautismos, las ofrendas y los cultos de celebración del ministerio celular. Todos en la iglesia son exhortados a asistir a una célula. Por ejemplo, las estadísticas de la Iglesia Amor Viviente en Tegucigalpa, Honduras, muestra que el 90 por ciento de las 7.000 personas que asisten al culto en el fin de semana participa en un grupo celular semanalmente. No todas las iglesias en este estudio experimentan un porcentaje tan alto de participación en una célula, pero cada iglesia enfatiza la importancia de ser miembros de una célula.

¿Por qué una «célula»?

La célula, biológicamente, es «la unidad estructural más pequeña de un organismo que es capaz de funcionar independientemente».[10] ¡Una gota de sangre, por ejemplo, tiene aproximadamente

300 millones de glóbulos rojos! Así como las células individuales se unen para formar el cuerpo de un ser humano, las células en una iglesia forman el Cuerpo de Cristo. Además, cada célula biológica crece y reproduce sus partes hasta que se divide en dos células. El paquete genético total recibido en parte del padre es reestablecido en cada célula hija.[11] Esto también ocurre en las células sanas de la iglesia. Como veremos en otros capítulos más adelante, la multiplicación celular madre-hija aspira a reproducir «todo el paquete genético» en el nuevo grupo.

Asiendo el proceso

Así como las células humanas atraviesan fases específicas, así también sucede con los grupos pequeños. La ilustración siguiente muestra estas fases. (Cortesía del Centro de Oración Mundial Betania).

1. **Aprendiendo**
2. **Amando**
3. **Asociando**
4. **Avanzando**
5. **Saliendo**

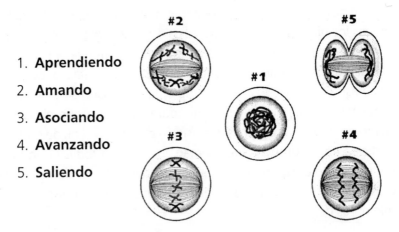

Ilustración 1. El Proceso de Multiplicación de la Célula

La fase del aprendizaje

Al principio todas las células humanas parecen una pequeña masa de protoplasma sin forma. Sus partes individuales son casi imposibles de distinguir. Aunque la célula tiene el código genético para la multiplicación, debe crecer y desarrollarse primero. Los grupos pequeños siguen un modelo similar. Los miembros al principio se miran el uno al otro sin saber qué esperar, y la primera etapa de la vida del grupo celular tiene la característica de que sus miembros comienzan a conocerse. Quizás los líderes de la célula deban enfatizar las primeras veces los procedimientos para «romper el hielo», es decir, para que todos se puedan conocer mejor. La etapa del aprendizaje dura aproximadamente un mes.

La fase del amor

Los cromosomas en una célula humana empiezan a alinearse en pares, aunque no en una línea recta. De modo similar, los integrantes de la célula se quitan las máscaras durante esta fase del amor. Las personas se conocen tal cual son realmente. El conflicto se observa a menudo cuando alguien se olvida de llevar los refrescos o llega tarde. De allí que hay quienes han denominado ésta como «la etapa de los conflictos». La fase del amor también dura aproximadamente un mes.

La fase de la asociación

En una célula humana, los cromosomas que estaban flotando libremente, de repente empiezan a formar una línea en el medio de la célula. En el medio de un grupo de la célula –alrededor del tercer o cuarto mes– los miembros comienzan a encontrar sus roles. Por ejemplo, todos empiezan a reconocer la capacidad que Judy tiene para la adoración, o el don que Juan tiene para aconsejar. Éste es un buen momento para preparar la célula para la evangelización. Esta fase dura aproximadamente un mes.

LA FASE PARA AVANZAR

Las cuerdas del cromosoma empiezan a alinearse en la posición este-oeste, preparándose para avanzar y formar un duplicado exacto de sí mismo. A esta altura en el grupo pequeño, los miembros enfocan la evangelización. Aunque la célula siempre se extiende hacia otros, el tiempo del avance resalta la evangelización del grupo como la actividad primaria. La fase del lanzamiento ocurre desde el cuarto mes hasta que la célula se multiplica.

LA FASE PARA SALIR

Cuando la célula se prepara para dar a luz una célula idéntica, los cromosomas se separan y se dividen (multiplicación). En un grupo pequeño se levantan nuevos líderes y se entrenan para guiar una célula mientras se van uniendo los nuevos miembros. Cuando el grupo es lo suficientemente grande, tiene lugar la multiplicación. La fase para salir puede durar hasta un año.

No se multiplican todos los grupos, pero existe el peligro de estancamiento cuando esto no sucede. Larry Stockstill, el pastor principal del Centro de Oración Mundial Betania, graciosamente dijo en una conferencia celular en el COMB en 1996, «¡Normalmente, un grupo que sólo tiene cuatro personas que se sientan alrededor mirándose el uno al otro, después de un año las personas están bastante contentas de salir de allí!»

FIJANDO LA META: LA MULTIPLICACIÓN

El corazón del ministerio celular es la evangelización, y las ocho iglesias celulares más prominentes en el mundo colocan el ministerio de la evangelización para alcanzar a los hombres y mujeres perdidos como su principal meta. Estas iglesias admiten la Gran Comisión de Jesús (Mateo 28:18-20) como su orden de marcha. Ellos avanzan penetrando en el campo del enemigo de los no-cristianos e incluso rastrean su «progreso.» Los líderes de la iglesia se ponen metas fijas cuantificables para su ministerio celular, y algunos llegan a promover una «saludable competencia» entre los líderes de la célula. La pasión por los perdidos es la motivación que mantiene todo en perspectiva. Más eficaz que la evangelización «de uno-en-uno», las células en estas iglesias funcionan como redes que se extienden a través de ciudades enteras. Los autobuses llevan la cosecha al culto de celebración.

Mikel Neuman, profesor del Seminario Occidental en Portland, Oregón, confirma estos hallazgos con su reciente investigación. Él afirma lo siguiente en cuanto a las características de los pequeños grupos, que trascienden la cultura:

> «Mientras sospechábamos que la evangelización era una clave para los ministerios de los grupos caseros, quedamos sorprendidos de la fuerza de su importancia. Las iglesias en este estudio no dividen el ministerio entre los perdidos y los salvados con grupos caseros especiales para cada uno. En cualquier grupo dado, se puede hallar una mezcla de no-cristianos, nuevos convertidos, y cristianos más maduros. Las personas llegan a conocer a Cristo en el grupo casero con sus amigos o familia que ya son cristianos, y en el mismo grupo crecen en madurez.»[12]

Como pastor fundador de la Comunidad Cristiana DOVE en Pennsylvania, Larry Kreider entiende la dinámica del ministerio celular tan bien que su iglesia, que él empezó desde la nada, ahora planta nuevas iglesias en todo el mundo. Kreider cree que, «El propósito principal para cada grupo celular debe ser el de rescatar a las personas a un metro del infierno. De otra manera, la célula se vuelve un

club social sin poder alguno.»[13] Ralph Neighbour Jr. escribe en *Where Do We Go From Here?* (¿Adónde Vamos De Aquí?), «Esta visión común –la de alcanzar a los perdidos y capacitar a los creyentes para esa tarea– proporciona una continuidad saludable entre todos los grupos celulares.»[14]

Claramente, la evangelización que produce la proliferación de grupos celulares es la característica más distintiva de la iglesia celular a nivel mundial. Mi estudio revela que más del 60 por ciento de los 700 líderes celulares investigados habían multiplicado su grupo por lo menos una vez, y que tardó aproximadamente nueve meses para lograrlo. Estos líderes saben que la evangelización debe conducir a la multiplicación, y que la evangelización de los grupos pequeños nunca es un fin en sí mismo. Además, el crecimiento de la iglesia es el fruto final de la multiplicación de la célula. No todas las iglesias celulares tienen el mismo nivel de éxito al recoger la cosecha. Pero la meta y la visión es la misma.

ENTENDIENDO LA HISTORIA DE LA EVANGELIZACIÓN

Salomón declaró que no hay nada nuevo bajo el sol, y la evangelización del pequeño grupo no es ninguna excepción. Ha jugado un papel importante desde que Jesús formó Su Iglesia y la rápida multiplicación de las iglesias caseras del primer siglo extendieron la llama del amor de Dios a través del mundo. *Home Cell Groups and House Churches* (Grupos Celulares Caseros e Iglesias en Casas) dice así:

> *«Otro asunto importante en cuanto a la evangelización en el Nuevo Testamento es que gran parte de la misma –si no la mayor parte de aquello que permaneció– ocurrió en iglesias caseras. Esto era verdad no sólo porque las casas más grandes podían acomodar la función. Era verdad también porque la proclamación ocurrió como*

*resultado de todo el testimonio de las funciones inter-
relacionadas de la vida de la iglesia en los hogares.»*[15]

Pero desde el tiempo de la iglesia primitiva, el ministerio del pequeño grupo ha enfocado principalmente la edificación cristiana y
el crecimiento espiritual. Había excepciones, como las órdenes mo-
nacales y los equipos misioneros moravos que extendieron el mensaje del evangelio a través de pequeños grupos. Pero no fue sino
hasta Juan Wesley y el Metodismo que pudimos volver a vislumbrar
nuevamente el potencial para la evangelización por medio de pequeños grupos.

La evangelización en el metodismo primitivo

Juan Wesley fue el pionero de la evangelización del pequeño
grupo. Hacia el fin del siglo XVIII, Wesley había desarrollado más de
10.000 grupos de células (llamadas clases).[16] Cientos de miles de
personas participaron en su sistema de pequeños grupos.[17]

Wesley no estaba convencido que alguien había hecho una decisión por Cristo hasta que esa persona no se involucraba en un grupo
pequeño. Wesley estaba más interesado en el discipulado que en
una decisión. Las clases sirvieron como una herramienta de la evangelización (la mayoría de las conversiones ocurrieron en este contexto) y como un medio para el discipulado.[18] George G. Hunter III escribe, «Para Wesley, la evangelización … se realizaba principalmente en
las reuniones de la clase y en los corazones de las personas en las
horas que siguen a las reuniones de la clase».[19] Wesley reconoció que
los comienzos de la fe de una persona podría incubarse más eficazmente en un ambiente cristiano caluroso que en el frío del mundo.[20]

Como precursor del movimiento celular moderno, Wesley pro-
movió la evangelización que llevó a una rápida multiplicación. Hunter dice: «Él fue llevado a multiplicar las "clases" porque éstas le
servían más como grupos reclutadores, como puertas de entrada

para las personas nuevas, y para involucrar a las personas desperta-
das por el evangelio y con poder.»[21] Wesley predicaba y luego invi-
taba a las personas a unirse a una clase. Al parecer, se multiplicaban
principalmente como resultado de plantar nuevas clases, muy pare-
cido al énfasis que se pone hoy día en plantar grupos celulares.[22] El
objetivo primario en su predicación era empezar nuevas clases.[23] T.
A. Hegre nota lo siguiente:

> «Creo que el éxito de Wesley era debido a su costum-
> bre de establecer pequeños grupos. Sus convertidos se
> reunían regularmente en grupos de alrededor de una
> docena de personas. Si el grupo crecía demasiado, se
> dividía, y podía llegar a dividirse vez tras vez.»[24]

El ministerio del grupo pequeño constantemente enfrenta un
dilema: mantener la intimidad de un grupo pequeño mientras se
cumple el mandato de Cristo de evangelizar. La multiplicación de la
célula es la única manera probada de permanecer pequeño mientras fielmente se extiende para alcanzar a otros. Wesley practicó
este principio y puso el fundamento para la explosión de la iglesia
celular moderna.

DAVID YONGGI CHO Y EL MOVIMIENTO CELULAR MODERNO

Si Wesley fue el precursor del movimiento del pequeño grupo,
David Yonggi Cho introdujo la nueva era. Cho es el pastor fundador
de la Iglesia del Evangelio Completo Yoido en Seúl, Corea, la iglesia
más grande en el mundo.

Esta iglesia ha crecido a 25.000 células, y el domingo los siete
servicios atraen aproximadamente 153.000 personas todas las semanas. Aproximadamente 25.000 personas asisten al culto a las 6
de la mañana. La iglesia todavía está apretando a los fieles para el
culto a las tres de la tarde, y todos los seis salones habilitados en el
subsuelo (con circuito cerrado de televisión) están más que llenos.

Cho acredita el crecimiento de su iglesia al sistema del grupo celular.[25] Él encomienda que cada célula traiga a los no cristianos a Jesucristo, con la meta de multiplicar la célula. Si los líderes de la célula no alcanzan sus metas, Cho los envía al Monte de Oración de la iglesia para ayunar y orar.

Desde que Cho comenzó su ministerio celular a principios de la década de los 70, muchos otros pastores han seguido su ejemplo. La Iglesia del Evangelio Completo Yoido ha influido directa o indirectamente en todas las iglesias celulares en el mundo hoy. Por ejemplo, los pastores de las dos iglesias celulares más grandes y más influyentes en América Latina –César Castellanos de la Misión Carismática Internacional en Bogotá, Colombia, y Sergio Solórzano de La Misión Cristiana Elim en San Salvador, El Salvador– visitaron la iglesia de Cho antes de lanzar sus propios ministerios celulares.

La visita del pastor César Castellanos a Yoido en 1986 revolucionó el ministerio celular en la Misión Carismática Internacional. A través de un movimiento imponente del Espíritu de Dios, los 24.000 grupos celulares (incluyendo las células de las iglesias anexas) están penetrando cada rincón de Bogotá. Con un crecimiento tan rápido, esta iglesia puede superar muy pronto el número de los grupos celulares de Yoido.

Igualmente, el pastor Sergio Solórzano visitó la iglesia de Cho en 1985 antes de comenzar su ministerio celular. Para octubre de 1998, 130.000 personas estaban asistiendo a 6.000 grupos pequeños. El increíble compromiso de esta iglesia para alcanzar las masas se ve cada domingo. Más de 600 autobuses de la ciudad, alquilados por los grupos celulares, llevan a los miembros de las células a los cultos de celebración. También sorprende cómo cada persona que asiste a un culto el domingo es contada y entrada en la computadora el lunes por la mañana.

La influencia de David Cho no puede sobrestimarse. C. Kirk Hadaway hace este comentario:

> «Se conoció la noticia que la iglesia de Paul (antes de cambiar su nombre a David) Cho y varias otras iglesias enormes en Seúl habían alcanzado ese gran tamaño por medio de los grupos celulares caseros y que la técnica tendría éxito en cualquier lado. Comenzó un movimiento, y los pastores han concurrido masivamente a Corea para aprender. ... Las iglesias en todo el mundo están comenzando a adoptar el grupo celular casero como una herramienta organizacional.»[26]

Un ejemplo de Singapur es la Iglesia Bautista Comunidad de Fe, fundada por el pastor Lawrence Khong. Khong comenzó su iglesia en 1986 con 600 personas. El 1 de mayo de 1988, con la ayuda de Ralph Neighbour Jr., la iglesia fue reestructurada para llegar a ser una iglesia celular completa. Hoy día, los 9.000 miembros son pastoreados en 550 grupos celulares activos. La iglesia de Khong representa tan exitosamente el modelo del ministerio con base en las células que asisten de mil a dos mil personas a su seminario celular anual.

Los pastores y líderes de las iglesias en todo el mundo han reproducido el sistema celular de Cho. Sin embargo, lejos de imitar o copiar otros modelos basados en células, estas iglesias han adaptado con eficacia el modelo a sus propias situaciones y circunstancias. Nuevos modelos, y creativos, también, emergen de estas iglesias. Algunos de ellos son realmente versiones mejoradas de la filosofía celular inicial de Cho, y demuestran una mejor integración entre la célula y la celebración.[27]

Con Juan Wesley abriendo el camino y David Yonggi Cho actualizándonos, las iglesias celulares ahora prevalecen a través del mundo. En cada una de las iglesias de mi investigación, el nuevo líder de una célula conocía su misión: la reproducción celular. Exploremos por qué algunos líderes de células tienen más éxito que otros en el cumplimiento de su función.

Resumen de la investigación
Factores que NO afectan la multiplicación

- El sexo, la clase social, la edad, el estado civil, o la educación del líder.

- La personalidad del líder

  Tanto los introvertidos como los extrovertidos multiplican sus células.

- El don espiritual del líder.

  Los que tienen el don de la enseñanza, de pastorear, de misericordia, de liderazgo, y de evangelización, todos ellos obtienen la multiplicación de sus células. Esto es sorprendente porque muchos, incluyendo a David Yonggi Cho, enseñan que solamente los líderes con el don de evangelista pueden multiplicar sus grupos celulares.

Factores que SÍ afectan la multiplicación

- El tiempo devocional del líder celular.

  Los que pasan 90 minutos o más por día en sus devocionales multiplican sus grupos dos veces más rápidamente que los que pasan menos de treinta minutos.

- La intercesión del líder por los miembros de su célula.

  Los que oran diariamente por los miembros celulares tienen más posibilidades de multiplicar sus grupos.

- El líder que pasa tiempo con Dios para prepararse para la reunión celular.

Pasar tiempo con Dios preparando el corazón para una reunión celular es más importante que preparar la lección.

- Fijando metas.

El líder que falla en fijar las metas que los miembros puedan recordar tiene aproximadamente un 50 por ciento de posibilidades de multiplicar su célula (sea de él o de ella). Estableciendo las metas hace que ese porcentaje aumente al 75 por ciento.

- Conociendo la fecha para la multiplicación de la célula.

Los líderes celulares que establecen metas específicas para dar nacimiento a otro grupo consistentemente multiplican sus grupos más a menudo que aquellos que no se fijan estas metas.

- Entrenamiento.

Los líderes celulares que se sienten mejor entrenados multiplican sus células más rápidamente. Sin embargo, el entrenamiento no es tan importante como la vida de oración y la orientación hacia las metas.

- Las veces que el líder celular realiza contactos con personas nuevas.

Los líderes que tienen contacto con cinco o siete personas nuevas por mes tienen un ochenta por ciento de posibilidades de multiplicar el grupo celular. Cuando el líder sólo visita de una a tres personas por mes, las posibilidades se reducen al sesenta por ciento. Los líderes que visitan ocho o más personas por mes multiplican su grupo celular dos veces más rápido que los que sólo visitan a una o dos personas.

- La exhortación en los grupos celulares de invitar a los amigos.

Los líderes celulares que animan a sus miembros de invitar a otras visitas duplican su capacidad de multiplicar sus grupos –en oposición a los líderes que sólo lo hacen cada tanto o no lo hacen nunca.

- El número de visitas a la célula.

Hay una relación directa entre el número de visitas en el grupo y el número de veces que un líder multiplica su grupo.

- Otras reuniones.

Las células que tienen seis o más reuniones sociales por mes se multiplican dos veces más rápidamente que aquellos que sólo tienen una, o ninguna.

- Preparación de otros.

Los líderes que reúnen un equipo duplican su capacidad de multiplicación celular.

- Nivel de cuidado pastoral.

La visitación continuada del líder a los miembros de la célula ayuda a consolidar el grupo.

La Oración por los miembros del grupo:

- Cuando se comparó la oración, los contactos y las reuniones sociales, se descubrió que la oración por los miembros del grupo es la tarea más importante del líder para unificar y fortalecer al grupo al prepararse para la multiplicación. Edificar un equipo viene muy cerca, en segundo lugar.

La Preparación del Líder:

- Cuando se analizaron los devocionales, las metas, el entrenamiento y la preparación, los devocionales y las metas eran lo más importante. El liderazgo celular eficaz es más una aventura guiada por el Espíritu que una técnica de estudio Bíblico.

Empuje Evangelístico del Grupo:

• Cuando se analizó la visitación a las personas nuevas, la exhortación, y las visitas que venían a los grupos, la visitación y la exhortación eran igualmente importantes en el proceso de la multiplicación. El flujo de las visitas es secundario.

RESUMEN DE LOS FACTORES CLAVES PARA LA MULTIPLICACIÓN CELULAR

• Los factores esenciales para la multiplicación de los grupos son los devocionales de los líderes, la capacidad del líder de alcanzar a otros, la capacidad del grupo de involucrar a otros, y la edificación de un equipo.

• La oración por los miembros del equipo y la fijación de metas son primordiales en la multiplicación primaria de un grupo celular.

• El entrenamiento en el liderazgo y las reuniones sociales son necesarios para una multiplicación constante.

RESUMEN DEL CAPÍTULO

• La definición de una iglesia celular: una iglesia que ha puesto pequeños grupos evangelísticos en el centro de su ministerio (pág. 23). Las iglesias celulares colocan sus grupos pequeños para evangelizar y multiplicarse una y otra vez (pág. 23).

• Los grupos pequeños comprenden la columna vertebral de las iglesias celulares más grandes del mundo. Las células no son simplemente otro programa (pág. 24).

• Los grupos pequeños en EE.UU. tienden a promover la edificación personal antes que una evangelización diligente (pág. 24).

• El tiempo promedio para la multiplicación de una célula en la investigación realizada era nueve meses (pág. 30).

PREGUNTAS PARA MEDITAR

• ¿Qué comunica la palabra «célula» sobre los grupos pequeños? (pág. 25) ¿Qué opina sobre el uso de esta palabra? ¿Cuál es su nombre favorito para los grupos pequeños? ¿Por qué?

• Revise las cuatro etapas de una célula (pp. 26-28). ¿En qué etapa se encuentra su grupo celular en este momento? ¿Está su grupo listo para seguir a la próxima etapa? ¿Por qué o por qué no? ¿Qué puede hacer usted ahora para avanzar como un grupo celular?

• ¿Cuál debe ser la meta de la célula (pág. 28)? ¿Cuál es su reacción personal a esta declaración de la meta?

• Revise los factores que no afectan la multiplicación de la célula (pág. 35). ¿En su opinión, por qué muchos miembros se sien-

ten incapaces de dirigir un grupo celular? ¿Cómo le hacen sentir los resultados de esta investigación en su papel de líder?

• Revise los factores que afectan la multiplicación de la célula. ¿En qué área(s) está haciendo usted un trabajo bastante bueno? Explique (por ej., talento natural, deseo, etc.). ¿En qué área(s) necesita usted mejorar? ¿Por qué?

PASAJES DE LA BIBLIA RELACIONADOS

• Lea Hechos 2:45-47.

• ¿Cuáles fueron los dos lugares de reunión de la iglesia primitiva según el verso 46? En la iglesia hoy día, ¿por qué piensa usted que la estructura de la celebración obtiene la atención de la mayoría? ¿Por qué se necesitan ambas estructuras en nuestros días?

• Lea Hechos 20:20-21.

• ¿Cómo proclamó Pablo el evangelio a los primeros creyentes? Describa una experiencia (buena o mala) de una persona no convertida en un grupo celular. Si la persona fue positivamente tocada por el evangelio, ¿cómo le ministró el grupo a esa persona? Si fue una experiencia mala, ¿qué podría haber hecho el grupo para ministrar al que no era creyente? ¿Cree usted que la proclamación del evangelio de casa en casa es una manera eficaz de evangelizar hoy? ¿Por qué o por qué no?

ACTIVIDADES PRÁCTICAS

• En la escala de 1-10, determine si su grupo pequeño está más orientado a la evangelización o está orientado al cuidado interno del grupo (1= orientación interna y 10= evangelización). Use la misma medida para determinar la orientación de los grupos pequeños en su iglesia.

• Anote cuatro razones por qué es más natural para los grupos pequeños enfocar interiormente hacia ellos mismos en lugar de exteriormente, hacia otros (evangelización).

• Anote cinco maneras prácticas en que su grupo pequeño puede comenzar a alcanzar a los que no son creyentes, en los próximos tres meses.

CAPÍTULO 3

¡AFLÓJESE! NO NECESITA SER UNA SUPERESTRELLA

M uchos líderes de células dicen que no tienen la capaci dad que se requiere para conducir un grupo celular. «Yo no tengo el don de evangelista.» «Yo no tengo el talento». «Soy demasiado tímido». ¿Ha escuchado esto antes? ¿Usted mismo se ha expresado de esta manera? Estas afirmaciones dan por sentado que se necesita cierto tipo de don, o personalidad, o género, nivel social, o educación, para dirigir una célula. Lo que yo he descubierto rechaza ese concepto.

EL DON PARA EL LIDERAZGO

La investigación de setecientos líderes de grupos celulares en ocho países no reveló ninguna conexión entre el don espiritual del líder y el éxito de la multiplicación de la célula. De cinco opciones, los líderes eligieron su don espiritual primario, y los resultados revelaron lo siguiente:

Enseñanza	25,1%
Liderazgo	20,3%
Evangelización	19,0%
Cuidado Pastoral	10,6%
Misericordia	10,6%
Otros	14,4%

Tabla 2. Los dones entre los líderes de células

Sorprendentemente, el 25 por ciento dijeron que la enseñanza –no la evangelización o el liderazgo– era su don primario. Además, ningún don en particular estaba correlacionado con la capacidad de un líder de multiplicar el grupo de él o de ella.

Quizás esto no lo sorprende. Pero David Cho repetidamente enseña que sólo los líderes celulares con el don de evangelización pueden multiplicar sus grupos celulares.[1] En sus libros hallamos afirmaciones similares.[2] Para Cho, sólo los que poseen el don de la evangelización pueden tener éxito finalmente, y él ha concluido que sólo el diez por ciento de su congregación tiene este don. Si eso es verdad, pocos tendrán éxito en el ministerio celular.

¿Cuál es el don de la evangelización? C. Peter Wagner da esta definición general, «El don de evangelista es la capacidad especial que Dios da a ciertos miembros del Cuerpo de Cristo para compartir el evangelio con los incrédulos de tal manera que los hombres y las mujeres llegan a ser discípulos de Jesús y miembros responsables del Cuerpo de Cristo.»[3]

Pero las iglesias celulares a nivel mundial están adoptando un razonamiento más revolucionario que es confirmado por los resultados de esta investigación. Ellos están aceptando cada vez más que todas las personas (no necesariamente los pastores) pueden llevar adelante un grupo celular con éxito. Por ejemplo, los pastores de la Misión Carismática Internacional en Bogotá, Colombia, exhortan a que todos los que entran por la puerta comiencen en el proceso de entrenamiento de liderazgo celular. Esto incluye la conversión, un retiro espiritual, un programa de entrenamiento de tres meses, y otro retiro antes de que la persona está libre para dirigir. En octubre de 1996, la iglesia informó de 6.000 grupos celulares. Para junio de 1998, había 24.000 grupos celulares en la iglesia.

Aprendiendo de la iglesia de Bogotá, el Centro de Oración Mundial Betania recientemente adoptó una mentalidad similar. En cuestión de unos meses, los grupos celulares de Betania ascendieron en número como un cohete, de 320 a 540. Bill Satterwhite, uno de los pastores de zona en Betania, dice que cada persona tiene la unción para la multiplicación –sin ninguna excepción.

Usted también puede llevar adelante un grupo celular exitosamente hasta el punto de un nuevo nacimiento. Los dones espirituales son importantes, pero este estudio estadístico y la experiencia de otros demuestran que ningún don particular es necesario para tener un grupo celular exitoso. Dios unge a los líderes celulares con una variedad de dones. Lo que hace usted como líder importa más que sus dones.

Los líderes de pequeños grupos exitosos se aprovechan de la variedad de dones dentro de la célula. Recuerde que el ministerio del equipo es de muchísimo valor en el pequeño grupo. Quizás una persona del equipo posee el don de la enseñanza, otro el don de la misericordia, y todavía otro el de la dirección. Todos estos dones ayudan al grupo a crecer. Los grupos celulares de más éxito involucran a todo el equipo –pescan con redes como un grupo en lugar de pescar con anzuelo como individuos.

Los líderes celulares eficaces sobresalen en la movilización del grupo para trabajar juntos hacia la multiplicación de la célula. Alguien con el don de ayudas recogerá a las personas nuevas y traerá refrescos. La persona con el don de misericordia visitará a los miembros de la célula o a los nuevos con el líder de la célula. Los que tienen el don de la enseñanza trabajan con la lección para la célula. Todo es importante, y todos están involucrados y contribuyen al éxito del grupo.

La Personalidad

Carl Everett admite que él es una persona tímida. Usted tiene que sacarle la información con tirabuzón, y no es una persona que

demuestra gran entusiasmo. La comunicación no le resulta nada fácil. Sin embargo Carl es conocido como «Sr. Multiplicación» en el Centro de Oración Mundial Betania. Carl empezó un grupo celular y vio cómo se multiplicaba. Entonces movilizó los pocos miembros restantes para alcanzar otras 15 personas para volver a llenar su grupo del viernes por la noche. De nuevo, el grupo dio nacimiento a una célula hija. Carl repitió este proceso seis veces antes que los líderes principales de Betania, reconociendo el liderazgo de Carl, lo elevaron a la tarea de pastorear a los líderes celulares.

Los líderes celulares potenciales que se tildan a menudo como «introvertidos» dicen que les falta el carisma para cuidar de un pequeño grupo saludable. Pero este estudio muestra que tanto los líderes extrovertidos como los introvertidos obtienen una multiplicación de su célula con éxito. Hay más líderes celulares extrovertidos que introvertidos, pero el punto importante es que los líderes de células introvertidos multiplicaron sus células tanto como los extrovertidos.

Cuando Jim Egli de TOUCH Outreach Ministries entregó una versión aumentada de mi encuesta a 200 líderes celulares del Centro de Oración Mundial Betania, incluyó una pregunta acerca de los tipos de personalidad (tomado de 'DISC Inventory Personality Types'. (DISC es un perfil que mide las fortalezas primarias y secundarias en los términos de Dominante, Influyente, Tranquilo, y Dócil.) Él escribe:

> *«Es interesante, que esta investigación inicial no parece mostrar ninguna relación fuerte entre los tipos de personalidad DISC y el crecimiento celular. El 98 por ciento de los líderes de Betania habían tomado la prueba DISC y sabían cuáles eran sus cualidades primarias y secundarias, pero ninguno de los tipos tuvo mejor realización que los demás.»[4]*

¡Toda esta información confirma que usted puede tener éxito tal como es! Dios le ha hecho alguien especial. Nadie lo puede hacer exactamente como usted. ¡Dios usa a los que están llenos de entusiasmo, a los tímidos, a los descansados, a los preocupados, y a todos los demás tipos de personalidad también! Sea usted mismo. No es tanto la cuestión de quién es usted, sino de lo que hace como líder celular.

OTROS FACTORES NO ESENCIALES

¿Representa el sexo un problema cuando se estudia la eficacia de los líderes celulares? Más del 80 por ciento de los líderes celulares en la iglesia de David Cho son mujeres. De hecho, de los 62 que completaron la encuesta en la Iglesia del Evangelio Completo Yoido, 58 eran mujeres y cuatro eran hombres. ¿Significa esto que las iglesias celulares con éxito promueven el liderazgo de las mujeres? De los 700 líderes celulares en mi investigación, el 51 por ciento son mujeres y el 49 por ciento hombres. Los datos no revelan ninguna diferencia en absoluto entre la eficacia en el liderazgo y el sexo. Ambos muestran igual éxito cuando se les preguntó cuántas veces se había multiplicado el grupo.

El promedio en la edad de los líderes celulares en mi estudio es de 33 años, pero ningún margen de edades tiene ventajas en cuanto se refiere a la multiplicación de la célula. Ningún modelo significativo surgió en cuanto al estado civil.

¿Y qué hay de la ocupación? Los líderes celulares de cuello blanco, los líderes de célula de cuello azul, los profesionales y maestros eran igualmente capaces de multiplicar sus grupos celulares. ¿Y en cuanto a la educación? ¡Realmente, las estadísticas parecen indicar que los líderes de células con menos educación conseguían multiplicar sus células de forma más consistente y más a menudo!

Líder de célula, anímese. Si usted es hombre o mujer, educado o con poca cultura, casado o soltero, tímido o comunicativo, un maestro o un evangelista, usted puede hacer que crezca su grupo celular. La unción para la multiplicación de la célula no se encuentra solamente en unos pocos. Estas estadísticas revelan que el sexo, la edad, el estado civil, la personalidad y los dones tienen poco que ver con la eficacia del líder de una célula. Como veremos en los próximos capítulos, el crecimiento del grupo celular depende de unos principios sencillos que cualquiera puede poner en práctica.

RESUMEN DEL CAPÍTULO

• El don para el liderazgo: El estudio no muestra ninguna conexión entre los dones espirituales y el éxito en la multiplicación (p. 43). Los líderes de grupos pequeños exitosos confían en los dones de todos los integrantes de la célula (pág. 45).

• Personalidad: Los líderes de célula potenciales que se etiquetan como «introvertidos» dicen a menudo que les faltan los ingredientes necesarios para desarrollar un grupo pequeño saludable. El estudio muestra que los líderes extrovertidos e introvertidos multiplican con éxito sus células (p. 46).

• Otros factores que no se relacionan con la eficacia del liderazgo en la multiplicación de los pequeños grupos son: género, ocupación y educación.

PREGUNTAS PARA MEDITAR

• ¿Cuál(es) es (son) su(s) don(es) espiritual(es)? ¿Qué dones necesita usted en su célula para complementar sus propios dones y para ayudar al crecimiento de su grupo pequeño?

• Repase el modo revolucionario de razonamiento que muchas iglesias celulares están adoptando hoy día (pág. 48). ¿Cree usted que todos podemos ser un líder de célula? ¿Por qué o por qué no?

• ¿Cómo se siente usted con respecto al hecho de que no es necesario tener una personalidad extrovertida para que usted sea un buen líder de su célula?

• ¿Cuál es su reacción al descubrir que su nivel de educación no determina su eficacia como un líder de célula?

- ¿Cuáles son algunas de las razones comunes que usted ha usado (u oyó de otros) para no ser un líder de una célula?

PASAJES DE LA BIBLIA RELACIONADOS

- Lea 1 Corintios 1:26.

- ¿En qué áreas se siente usted débil como líder de la célula? ¿Cómo ve usted que Dios lo está usando en su debilidad? ¿En qué áreas le ayuda la manera especial que Dios lo creó para el liderazgo de su célula?

- Lea Proverbios 13:4 y 14:23.

- ¿Cómo se relacionan estos versículos con el estudio? En una escala del 1-10, ¿cuán diligente es usted? ¿En qué área específica del liderazgo de la célula necesita usted ser más diligente?

ACTIVIDADES PRÁCTICAS

- Pida que los miembros de su célula hagan una lista de sus dones espirituales. Después que cada persona comparta su don espiritual, determinen juntos cómo cada uno puede usar su(s) don(es) en el grupo celular.

- Comparta con el líder que está por encima suyo (mentor, pastor de zona, supervisor, líder de G-12, etc.) cómo las verdades en este capítulo lo han ayudado en su liderazgo del grupo pequeño.

- Pregunte a los miembros de su grupo celular cuáles son (según ellos) las características esenciales del liderazgo celular eficaz. Entonces comparta con ellos los resultados del estudio.

Un día Jorge Frías, perturbado y nervioso, abrió la puerta de mi oficina en Quito, Ecuador. Me confesó: «He pro bado de todo. He sido adicto al alcohol, a las drogas, e incluso he probado varias religiones. Ahora mi esposa quiere dejarme. ¿Qué puede hacer usted por mí?» Raramente he sido testigo de tanta desesperación en todos mis años de asesoramiento. «Yo sé que sinceramente has estado buscando las respuestas –le dije– pero sólo Jesucristo puede llenar el vacío en tu corazón.» Cuando lo guié en oración para recibir a Jesucristo, la urgencia en la voz de Jorge acabó finalmente en alivio.

Dios tomó el control de Jorge ese día y fue hecho nueva creación. Un fulgor y alegría inundaron su vida. Antes de que se fuera, yo le aconsejé a Jorge que pasase un tiempo con Dios diariamente, sabiendo que podría ser un esfuerzo muy grande para él.

En la clase para creyentes nuevos a la tarde siguiente, Jorge dijo, «Me desperté a las dos de la mañana y oré durante dos horas y media». Esa primera noche como cristiano, Jorge estableció la oración como una prioridad en su nueva vida en Cristo. Acostumbraba pasar de dos a cuatro horas con Jesús por la mañana. Dentro del año, Jorge estaba dirigiendo un grupo celular que él ya había multiplicado. Él progresó rápidamente de líder celular a supervisor, y luego a supervisor de zona. ¿Por qué? Porque Jorge se acostumbró a darle tiempo a Dios para que le revelase cómo llevar adelante los grupos en forma eficaz.

LA VIDA DEVOCIONAL

La vida devocional del guía celular aparece en forma constante entre las tres variables más importantes en este estudio. La relación entre la multiplicación de la célula y el tiempo que el líder pasa con Dios es muy claro. Se les preguntó a los líderes celulares investigados: «¿Cuánto tiempo pasa usted en su devocional diario (por ej., en oración, lectura de la Biblia, etc.)?» Ellos escogieron una de las cinco opciones, yendo de 0 a 15 minutos diariamente hasta más de 90 minutos. La tabla siguiente resume los modelos devocionales de aquellos líderes celulares que completaron el cuestionario:

0 a 15 minutos	11,7%
15 a 30 minutos	33,2 %
30 a 60 minutos	33,8 %
60 a 90 minutos	7,6 %
90 minutos +	13,7 %

Tabla 3. Modelos Devocionales de los Líderes Celulares

En la misma encuesta, se les preguntó a los líderes de células si su grupo se había multiplicado, y en ese caso, cuántas veces. Los que pasaban 90 minutos o más en sus devociones diarias tenían una multiplicación celular dos veces mayor que los que pasaban menos de media hora.

La relación es lógica. Durante el tiempo de quietud a solas con el Dios viviente, el líder de la célula oye la voz de Dios y recibe Su guía. En esos momentos tranquilos, el líder entiende cómo tratar con el que siempre está interviniendo, cómo esperar una contestación a una pregunta, o cómo atender a un miembro dolorido del grupo. Los líderes de la célula que se mueven bajo la guía de Dios tienen un sentido particular de dirección y liderazgo. Los miembros de un grupo responden a un líder que escucha a Dios y que conoce el camino.

Dios trae éxito. Este estudio estadístico es sencillamente una prueba de ello.

Roberto Clinton escribe,

«Un líder aprende primero acerca de la guía personal para su propia vida. Habiendo aprendido a discernir la dirección de Dios para su propia vida en numerosas decisiones cruciales, puede entonces cambiar a la función de liderazgo para determinar la guía del grupo que dirige.»[1]

Luego sigue diciendo: «Un líder que repetidamente demuestra que Dios le habla obtiene autoridad espiritual».[2] Esto tiene sentido.

El tiempo devocional diario es la disciplina más importante en la vida cristiana. Durante ese tiempo cada día, Jesús nos transforma, nos alimenta, y nos da nueva revelación. Por otro lado, no pasar tiempo suficiente con Dios puede traer la agonía de la derrota. ¿Cuán a menudo hemos salido corriendo esperando lograr un poco más, para volver sólo un poco más machucados, deprimidos, y heridos? Cuando empezamos el día sin pasar tiempo con nuestro Señor, nos falta el poder y el gozo para enfrentar las demandas de la vida.

LA IMPORTANCIA DE LA VIDA DEVOCIONAL

Jesús necesitó pasar un tiempo solo con Su Padre. ¿Cuánto más, entonces, lo necesitamos nosotros? Después de todo, Él es nuestro ejemplo. Lucas 5:16 dice: «...Jesús se retiraba a orar a lugares donde no había nadie». Lucas 5:15 explica que la fama de Cristo se estaba extendiendo, y el éxito de su ministerio le obligaba a pasar más tiempo con Dios. En medio de un ministerio que aumentaba continuamente, Él se separaba de la multitud para pasar un tiempo solo. Marcos 1:35 dice: «De madrugada, cuando todavía estaba oscuro, Jesús se levantó y salió de la ciudad para ir a orar a un lugar solitario». Antes que comenzaran las ocupaciones del día, Jesús

pasaba tiempo con su Padre. Ralph Neighbour Jr. aconseja: «Si usted tiene que elegir entre orar y hacer algo, elija la oración. ¡Usted logrará más, y entonces obtendrá mejor resultado con su acción, por hacerlo de esa manera!»[3]

Los modelos devocionales de algunos de los grandes hombres y mujeres de Dios están bien documentados. Martín Lutero confesó que él estaba tan ocupado que tenía que pasar tres horas por la mañana con Dios. Los historiadores nos dicen que a menudo Juan Welch se pasaba siete u ocho horas por día a solas en oración. J. O. Frasier, misionero entre las tribus Lisus en China occidental, pasaba la mitad del día en oración y la otra mitad en la evangelización.[4] David Cho que pastorea la iglesia más grande en la historia del Cristianismo (la Iglesia del Evangelio Completo Yoido), atribuye el crecimiento de su iglesia al tiempo ocupado en la oración.[5] John R. Mott, la fuerza motora detrás del Movimiento de la Misión Norteamericana en el siglo pasado, dijo,

> «*Después de recibir a Cristo como Salvador y Señor, y de reclamar por fe la plenitud del Espíritu, no conocemos ninguna otra acción que produzca tanta bendición espiritual como mantener un tiempo devocional constante de por lo menos media hora, en comunión con Dios.*»[6]

Dios le revelará cuánto tiempo quiere pasar con usted todos los días. Los líderes de células eficaces no necesitan abandonar sus empleos y su familia, y pasar ocho horas todos los días en oración. Por el otro lado, sin embargo, los devocionales tipo «comida rápida» logran muy poco. Lleva tiempo desprenderse de los pensamientos y preocupaciones que acompañan el diario vivir. Mike Bickle escribe:

> «*... Si pasa sesenta minutos en oración no se sorprenda si sale con tan sólo cinco minutos de tiempo que considera de verdadera calidad. Manténgalo, y esos cinco*

minutos se harán quince, luego treinta, y después aún más. El ideal, claro está, es terminar tanto con cantidad y calidad, no lo uno o lo otro.»[7]

C. Peter Wagner escribe en *Prayer Shield* (Escudo de Oración): «Mi sugerencia es la siguiente: Es más aconsejable comenzar con cantidad que con calidad en el tiempo diario de oración. Primero, programe el tiempo. La calidad generalmente viene después».[8] La sugerencia de Wagner suena lógico. Líderes de células, si quieren que sus grupos crezcan, pasen tiempo con el Único que puede hacer que suceda. Pónganse metas realistas que puedan cumplir, y no una meta que de seguro nunca se ha de lograr.

UN TIEMPO Y UN LUGAR ESPECÍFICOS

Algunos cristianos se resisten a la idea de apartar un tiempo todos los días para buscar a Dios. Algunos llegan a decir, «yo oro todo el tiempo». Sí, la Biblia nos dice que oremos sin cesar (1 Tesalonicenses 5:16), y Pablo nos exhorta diciendo: «No dejen de orar: rueguen y pidan a Dios siempre, guiados por el Espíritu...» (Efesios 6:18). Pero Jesús nos muestra el otro lado de la moneda. Jesús dice en Mateo 6:5-6: «Y *cuando* ustedes oren, no sean como los hipócritas, a quienes les gusta orar de pie en las sinagogas y en las esquinas de las plazas para que la gente los vea. Les aseguro que con eso ya tienen su premio. Pero *tú, cuando ores,* entra en tu cuarto, cierra la puerta y ora a tu Padre, que está allí a solas contigo». Estos versos exponen un tiempo específico apartado para buscar al Padre –un tiempo para meditar en Su Palabra, escuchar la voz del Espíritu, adorarle a Él e interceder por otros.

Cuando Jesús habló de un cuarto, no quería decir uno que está lleno de zapatos y de ropa. (N. del T.: En inglés la palabra *closet*, o cuarto, también significa ropero). La palabra en griego es *tameon*, y se refiere al lugar en el Templo del Antiguo Testamento donde se

guardaban los tesoros. Algunos comentaristas notan una relación entre el lugar para el devocional y las riquezas recibidas. Aparentemente, Jesús no está diciendo de un lugar específico para buscar al Padre. Más importante que la palabra cuarto es la frase cierra la puerta. Ya sea que tu cuarto es tu pieza, la azotea, un parque, o un campo abierto, debes cerrar la puerta del ruido y de los cuidados de la vida diaria. Chuck Swindoll en su libro *Intimacy with the Almighty* (La Intimidad con el Todopoderoso), dice: «El nuestro es un mundo desordenado y complicado. Dios no lo creó de esta manera. ¡La humanidad depravada y agitada lo ha puesto de ese modo!»[9] Sigue diciendo:

> «*Trágicamente, demasiado poco en esta era acosada y apresurada promueve esa intimidad. Hemos llegado a ser un cuerpo de personas que se parece más a una manada de ganado que a una grey de Dios junto a verdes pastos y aguas de reposo. Parece que nuestros antepasados sabían cómo comunicarse con el Altísimo, …¿pero nosotros?*»[10]

Jesús nos dice que cerremos la puerta al ruido y al apuro de la vida tan ocupada del siglo XXI.

¿Cómo se encuentra un cuarto ≠donde puede cerrar la puerta? Sea creativo, experimente, y haga lo mejor que pueda. Algunas personas prefieren un tiempo tranquilo en un bosque o en un parque. Jesús prefirió el desierto o la cima de una montaña. Elija usted el lugar y el tiempo que le queden mejor. El único requisito es el alejamiento del ruido y de la confusión de la vida.

EL CONTENIDO

Cuando se reúne con un amigo, ¿hace una lista de antemano de todo lo que va a hacer y decir? Claro que no. Usted deja que la conversación vaya y venga, y solamente disfruta de la compañía de la otra persona. Del mismo modo debe ser su tiempo devocional con Dios, pero muchos cristianos lo tratan como un ritual donde siguen un padrón preestablecido o una guía devocional. Más bien, piense en ello como una relación. La meta es conocerle. El intenso deseo del apóstol cautiva el corazón de la vida devocional: «Lo que quiero es conocer a Cristo, sentir en mí el poder de su resurrección, tomar parte en sus sufrimientos y llegar a ser como él en su muerte» (Filipenses 3:10).

Si usted no está seguro de cómo empezar su tiempo devocional, empiece por leer la carta de amor que Dios le dio –la Biblia–. A través de la Palabra de Dios, el Espíritu Santo nutre nuestras almas y nos da su guía, así que atesore todas las riquezas de Dios. Ofrézcale alabanzas a Dios. El escritor a los Hebreos dice, «Por eso debemos alabar siempre a Dios por medio de Jesucristo. Esta alabanza es el sacrificio que debemos ofrecer. ¡Alabémosle, pues, con nuestros labios!» (13:15VP). También recuerde de esperar en silencio ante Dios. Ralph Neighbour Jr., se refiere al tiempo devocional como el «cuarto donde concurre para escuchar (a Dios)»." Él dice que el líder de la célula «primero busca conocer la voluntad de Dios acerca de una situación. La oración se vuelve una experiencia de "Escuchar en el Cuarto"».[11]

Pero hay mucho más en la oración que pasar tiempo con el Señor en su «cuarto donde concurre para escuchar». Los líderes de célula son intercesores que de forma consistente oran por los miembros de sus células.

ORE DIARIAMENTE POR LOS MIEMBROS CELULARES Y VISITANTES

De los muchos factores estudiados en esta investigación, el que tiene más efecto en la multiplicación de la célula es cuánto tiempo el líder pasa orando por los miembros de la célula. Este estudio demuestra que la oración diaria del líder por los miembros de la célula

es esencial para que el grupo sea sano, y crezca. La encuesta les preguntaba a los líderes de la célula cuánto tiempo pasaban ellos orando por los miembros de su grupo. Las contestaciones fueron: Sesenta y cuatro por ciento ora diariamente por su célula, 16 por ciento cada dos días, 11 por ciento una vez por semana, y 9 por ciento «a veces». Comparando estas respuestas con la información sobre la multiplicación de las células se confirma que los líderes que oran diariamente por sus miembros probablemente tienen muchas más posibilidades de multiplicar sus grupos celulares que los que sólo oran de vez en cuando por ellos.

Orar todos los días por los miembros de la célula transforma su relación con ellos. Dios usa la oración para cambiar su corazón hacia las personas por las que usted está intercediendo. Una unidad se desarrolla a través del poder unificador que la oración crea. Pablo escribe: «Pues aunque no estoy presente entre ustedes en persona, lo estoy en espíritu, y me alegra ver que tienen orden y que se mantienen firmes en su fe en Cristo» (Colosenses 2:5). Este verso parece indicar que es posible estar presente «en espíritu» con alguien a través de la oración.[12] La oración abre nuestros corazones a otros y nos permite que toquemos a las personas a un nivel más profundo.

Por lo general al orar por alguien pueden arreglar la relación rota con esa persona. A través de la oración, el bálsamo curativo del Espíritu Santo rompe a menudo las fortalezas de amargura y el resentimiento contra esa persona. La oración cambia las células. Los líderes de célula que oran diariamente por cada miembro del grupo son más eficaces en su ministerio celular.

Cuando usted habla con los miembros de su célula, les dice, «yo estoy orando todos los días por usted». Hace surgir una inmediata comunicación con esa persona. En *Prayer Shield* (Escudo de Oración), C. Peter Wagner detalla la necesidad de oración intercesora por los líderes cristianos, así como la manera de reclutarlo.[13] Francamente, este libro debe ser lectura obligatoria para todos los que están en el liderazgo de las células. Cada nivel de liderazgo en la iglesia necesita desarrollar un escudo de oración y también formar parte del escudo de oración de otros. Prácticamente, esto significa que esos líderes de célula oran diariamente por cada persona en su grupo celular. Los líderes de sección oran diariamente por cada guía de célula en su sección. Los pastores de zona oran diariamente por sus líderes de sección; los pastores de distrito oran diariamente por sus pastores de zona. Finalmente, el pastor o guía principal ora diariamente por los pastores de distrito.

Los impedimentos

Aun sabiendo todo esto, algunos líderes de célula todavía tienen problemas con la calidad y la cantidad de su tiempo devocional. Algunas personas empiezan orando en cuanto se despiertan –sin salir de la cama–. La oración profunda se convierte rápidamente en un sueño profundo. El consejo de David Cho sobre los devocionales de la mañana temprano es: «¡Salga de la cama! Levántese, lávese la cara, tome un poco de café, y, si fuera necesario, salga a caminar o a dar una vuelta. El sueño es el enemigo número uno de los devocionales eficaces, así que haga que la sangre fluya».

Otro impedimento son nuestros propios pensamientos. ¿Qué pensó esa persona acerca de mis comentarios de anoche?» o «¿Cuándo debo lavar el automóvil?» Por supuesto, todos nosotros tenemos la misma tendencia. «¡Tus pensamientos, Señor, no los míos!» es la batalla de los devocionales.

¿Cómo maneja usted esos pensamientos feos que se introducen en sus devocionales personales? ¿Debe intentar tirarlos afuera como extrae el dentista un diente con caries? El hermano Lawrence hizo justamente eso. Como hermano Carmelita del siglo xvii, él batalló a menudo con sus pensamientos errantes. Él escribió, «Yo Le adoraba tantas veces como podía, manteniendo mi mente en Su presencia santa, y volviéndola a ella tantas veces como se alejaba de Él».[14]

Pero nuestras propias luchas son a menudo tan inadecuadas que sólo el Espíritu de Dios puede dar plena liberación. Pídale que controle sus pensamientos en el cuarto donde va para escuchar. El mejor remedio contra los pensamientos que van por todos lados es enfocar su mente en Cristo. Al mirar a Jesucristo, surge un nuevo enfoque de concentración. A. W. Tozer dijo una vez: «El hombre que se ha esforzado para purificarse y no ha obtenido nada, sino repetidos fracasos» experimentará verdadero alivio cuando deje de ocuparse vanamente acerca de su alma y fije su mirada en El Perfecto"[15] El consejo de Tozer es pertinente y útil. Cuando damos nuestros pensamientos a Dios y miramos a Él, Él nos dará un nuevo enfoque y eventualmente nos llenará de Su gozo.

Otro impedimento es el tiempo que estamos ocupados en nuestras vidas, que frecuentemente definimos como «no tengo tiempo». Deje la mentalidad de las comidas rápidas con Burger King o McDonald's. Para beber profundamente de Dios, usted debe pasar tiempo en profunda meditación. Como dice el Salmista, «un abismo llama a otro» (Salmo 42:7). Andrew Murray aconseja a los que comienzan su tiempo devocional de no dejarlo sin haber tocado a Dios, sintiendo la luz de la gloria de Dios. Buscarle a este nivel demanda largos períodos ante el trono de Dios. Una o dos visitas cortas no son suficientes.[16] No es de sorprenderse que los líderes que son capaces de multiplicar un grupo celular perseveran con Dios primero. No pierda la bendición de Dios saliendo de Su presencia justo cuando Él está a punto de llenarle.

Jesús nos dice que «… tu Padre, que ve lo que haces en secreto, te dará tu premio» (Mateo 6:6). Jesús nos asegura aquí que el Padre da Sus premios a aquellos que viven a Su manera. Líderes de célula, ¿quieren ustedes el premio del Padre? Si usted lo hace a Su manera, Dios le permitirá que conduzca las lecciones de célula con efectividad, que satisfaga las necesidades espirituales de las personas, y luego, que se multiplique su grupo.

LA ORACIÓN Y EL AYUNO

Carl Everett que ahora es el director auxiliar del ministerio de células en el Centro de Oración Mundial Betania comenzó el ministerio del mismo modo que muchos otros líderes celulares comienzan: dirigiendo un único grupo celular. Su célula se multiplicó seis veces, y cada célula hija creció y prosperó. Carl dice que el secreto del éxito se reduce a tres palabras: «Oración, oración, oración».

La preparación para la célula para Carl y su esposa Gaynel, incluye ayuno y oración durante el día de la reunión de la célula. Antes de la reunión, ellos ungen la comida, las aceras, el patio, cada cuarto en la casa, incluso cada asiento que será usado esa noche. Carl ora por los miembros y por la unción de Dios en su propia vida. Ellos esperan hasta después de la reunión (durante el tiempo del refresco) para comer.

El ejemplo de los Everett no es algo raro en Betania, donde los líderes de célula son animados a ayunar y orar antes de la reunión celular. Algunos ayunan todo el día; otros hasta las tres de la tarde; algunos suelen saltear una comida. Carl dice: «es importante movilizar tantos en el grupo como sea posible, para ayunar y orar».

LA ORACIÓN DENTRO DEL GRUPO

Las células que oran son células poderosas. El Espíritu Santo está levantando un nuevo movimiento de células de oración en toda la tierra,[17] y la iglesia celular está en una posición estratégica para llevarlo adelante.[18]

La oración encaja naturalmente dentro del tiempo del culto de una reunión celular. Nótese en Apocalipsis 5:8-9 cómo la oración y la adoración están juntas:

«Todos ellos tenían arpas, y llevaban copas de oro llenas de incienso, que son las oraciones de los que pertenecen al pueblo de Dios. Y cantaban este canto nuevo:

"Tú eres digno de tomar el rollo y de romper sus sellos, porque fuiste sacrificado; y derramando tu sangre compraste para Dios gentes de toda raza, lengua, pueblo y nación."»

Como vemos aquí, el canto y la oración forman ambos parte del culto en el grupo celular. Los dos son esenciales para construir la dinámica espiritual de la célula y traerle gozo a Cristo Jesús.

LA ORACIÓN DE INTERCESIÓN EN EL GRUPO CELULAR

Los líderes de célula eficaces oran en voz alta por los miembros de la célula durante la reunión. Usemos a Margarita, una líder de una célula exitosa, como ejemplo. Cuando ella comienza a orar por cada miembro durante la reunión celular, el sentir pastoral de su corazón es evidente. Sus oraciones son tan específicas y personales, sin embargo ella no revela asuntos confidenciales. Ella calurosamente alza a cada persona en la reunión ante el trono de Dios.

Margarita ha multiplicado su grupo varias veces porque ella conoce su grey, y ellos están dispuestos a seguirle. Esta clase de oración les dice a los miembros que usted se preocupa por ellos como individuos, ayuda a establecer su relación con ellos, y ministra a sus necesidades. Ésta también es una manera excelente para los líderes de célula de modelar su oración de intercesión.

Parte de la responsabilidad de los miembros de una célula es la de interceder por un mundo que no conoce a Jesucristo. Cada célula tiene su propia Jerusalén (barrio), y probablemente es mejor empezar allí. Ralph Neighbour Jr. recomienda escribir los nombres de cada contacto en un cartel grande así todo el grupo puede interceder al unísono.[19] El manual de entrenamiento de la Iglesia Bautista Comunidad de Fe exhorta a los líderes de célula potenciales a «Hacer mención de sus amigos incrédulos en las reuniones de la célula. Animar a todos los miembros de la célula a orar diariamente por ellos. Dios contestará estas oraciones».[20]

Junto con la oración por los amigos no cristianos, ore también por aquellos que empezarán el nuevo grupo celular. Evite las oraciones de duda aquí –«Señor, si es tu voluntad de multiplicar este grupo celular...» El miembro de una célula que es fiel, ora creyendo que la multiplicación es la voluntad de Dios (2ª Pedro 3:9-10; 1ª Timoteo 2:4-5). Floyd L. Schwanz trata el tema «Cómo Dar Nacimiento a Nuevos Grupos» en su libro, *Growing Small Groups* (El Crecimiento de Los Grupos Pequeños). Él aconseja a los líderes de una célula a «conseguir que su grupo quede embarazado». ¿Cómo? A través de la oración. Él les aconseja a los líderes de la célula que incluyan una oración cada semana por aquellos que ayudarán a comenzar un nuevo grupo. Él dice: «Esto le da una nueva oportunidad al Espíritu Santo a trabajar en los corazones de líderes potenciales».[21]

Sin embargo, la oración intercesora de una célula también debe invadir las zonas para llegar a las personas no alcanzadas de la tierra. Dios está llamando a Su Iglesia en todo el mundo a interceder en nombre de las masas no alcanzadas del mundo, sobre todo los que están viviendo en la «Ventana 10/40». Éste es el rectángulo geográfico entre 10 grados y 40 grados latitud norte donde vive el 90 por ciento de los pueblos no alcanzados.

En el Centro de Oración Mundial Betania, los grupos celulares concluyen con oración de intercesión por los pueblos no alcanzados del mundo. Para ese fin, ellos han desarrollado una serie excelente de perfiles para la oración sobre los pueblos no alcanzados para el uso de otras iglesias y grupos celulares.[22]

FLEXIBILIDAD EN LA ORACIÓN

¡Sea creativo! No hay una manera «correcta» de hacer que los miembros de la célula sean movilizados para orar, y la flexibilidad ayuda a evitar el aburrimiento de una rutina. Pruebe estas ideas:

- Divídanse en grupos de dos o tres. Esto permite que más personas oren y es de ayuda a los miembros más tímidos.

- Entrene a su grupo para que hagan oraciones cortas y conversacionales que permiten una mayor interacción y acuerdo. Esto permite que más personas oren y ayuda a impedir que una sola persona esté dominando.

- Pida a un miembro individualmente que interceda.

- Pruebe de hacer «un concierto de oración». C. Peter Wagner describe esto sugiriendo que «todos los que están presentes en la reunión de oración oran en voz alta al mismo tiempo».[23] Los creyentes coreanos han popularizado este estilo de oración. En la iglesia de Cho, el líder da la señal para comenzar, y un fuerte murmullo de oración invade la iglesia hasta que una campanilla avisa que es tiempo de parar.

LA ORACIÓN EN LAS IGLESIAS CELULARES

Karen Hurston dice lo siguiente: «Las células son simplemente el conducto por el cual fluye el Espíritu Santo; no son un fin en sí mismas». A veces los que estamos en el movimiento de la iglesia celular nos olvidamos que la célula es principalmente un canal a través del cual se mueve el Espíritu Santo. Aparte de Su trabajo, las células tienen muy poco valor.

Cada iglesia incluida en este estudio busca el poder de Dios seriamente a través de la oración. Promueven la oración como la prioridad principal. La oración no es simplemente un tema de conversación; se practica con regularidad. Por ejemplo, cada una de las iglesias tienen regularmente vigilias de oración de toda la noche. Las tres iglesias celulares más grandes en este estudio (35.000+ adoradores) celebran estas vigilias de oración una vez por semana. La Iglesia Agua Viva en Lima, Perú, reúne a la iglesia para ayuno y oración en siete de las diez fiestas nacionales de su país. A cada uno de estos eventos asisten aproximadamente mil personas. La Misión Carismática Internacional también brilla como un ejemplo poderoso de oración. Desde las cinco hasta las nueve, todas las mañanas, coros de alabanza y oración ferviente suben de su edificio. Es muy raro encontrar un momento en que alguno de los pastores o de los que no son pastores no esté predicando la Palabra de Dios, adorando, u orando.

Los domingos en la Iglesia del Evangelio Completo Yoido son llenos de vida. Desde el alba hasta el crepúsculo, decenas de millares de personas sirven a Jesucristo en cada rincón de ese enorme edificio.

¿Cuál es la «fuerza secreta» detrás de la Iglesia del Evangelio Completo Yoido? La oración. Alrededor de tres mil personas oran en el Monte de Oración todos los días (diez mil durante los fines de semana). Los líderes de IECY creen que estamos en una batalla espiritual que sólo puede ganarse en los lugares celestiales, y ellos actúan –y oran– conforme a lo que creen. No es de extrañarse que la iglesia evangélica en Corea haya crecido de 0,05% a 30% de la población en un corto plazo de tiempo.

Este espíritu que satura las reuniones temprano en la mañana es también el centro de los grupos celulares en IECY. Jeffrey Arnold resume por qué la iglesia de David Yonggi Cho ha crecido tan ligero: «¿Cómo crecieron tan rápidamente? Ellos animaron a todos los grupos pequeños que oraran por amigos no creyentes, y les enseñaron a los líderes cómo conducir a las personas a Cristo. Con miles de pequeños grupos en funcionamiento, cada grupo traía algunos creyentes nuevos todos los años, y esto produjo un crecimiento fenomenal».[24]

Hasta que los líderes celulares se convenzan de que sólo Dios puede convertir a un no creyente y traer multiplicación al grupo

celular, sucederá muy poco. Ralph Neighbour Jr., dice: «Los momentos triviales de oración en un grupo celular son incapaces de quebrar el espíritu de letargo en una célula».[25] Es como orar por comida en un restaurante –impensable–. Antes que la oración pueda realizar un cambio en la célula, los líderes de la misma deben «saber que saben» que a menos que Dios sople Su vida en nuestras metodologías, ellas son solamente madero, heno y hojarasca. Cuando Jesús vio las necesidades urgentes de la multitud, Él no les dijo a los discípulos que comenzaran el último programa de evangelización y entrenamiento. Más bien, les mandó que pidieran «al Dueño de la cosecha que mande trabajadores a recogerla» (Mateo 9:38).

¡Ore!

G U Í A D E E S T U D I O

Resumen del capítulo

- El tiempo devocional diario del líder (es decir, en oración y estudio de la Palabra) tiene más impacto en el éxito de un grupo que cualquier otra cosa que el líder pueda hacer (pp. 51-52).

- Pasar tiempo con Dios en sus devociones diarias es la disciplina más importante en la vida cristiana. La meta del devocional personal es conocer a Cristo más íntimamente (pág. 53).

- Los miembros de la célula seguirán a una persona que oye la voz de Dios y conoce el camino.

- Las devociones personales incluyen un tiempo específico y un lugar. Es mejor establecer una cierta cantidad de tiempo para pasar en nuestras devociones personales (pág. 55).

- Hay una relación científica entre un líder de célula que ora regularmente por los miembros de la célula y su capacidad para multiplicar el grupo celular (p. 57). El ayuno y la oración agregan fuerza para el éxito del liderazgo de la célula (pp. 61-66).

- Las células que oran son células poderosas. La oración debe penetrar la vida de la célula (pp. 61-66). Las iglesias celulares exitosas han aprendido a orar fervorosamente y a introducir la oración en la vida y práctica de la iglesia (pp. 61-66).

Preguntas para meditar

- ¿Cómo se sintió usted cuando leyó sobre los hallazgos que las devociones diarias regulares y la oración por los miembros de la célula les permitieron a los líderes que multiplicaran su célula más rápidamente?

- ¿Por qué piensa usted que los líderes de célula que oran regularmente por los miembros de la célula pueden multiplicar sus propios grupos celulares más rápidamente? (pág. 62)

- ¿Con qué frecuencia ora usted por los miembros de su grupo celular (si usted es un líder de la célula)? ¿De qué maneras la oración por otros le ha ayudado en su ministerio?

- ¿De qué forma ha cambiado su vida al pasar tiempo con Dios?

- ¿Está usted teniendo ahora devociones diarias eficaces? En ese caso, comparta cómo ha llegado a esta posición. En caso contrario, comparta cuáles son sus luchas.

- Describa un tiempo en su grupo celular cuando usted experimentó una oración poderosa.

PASAJES DE LA BIBLIA RELACIONADOS

- Lea Colosenses 4:2-4.

- ¿Por qué pidió Pablo la oración personal de la iglesia de Colosas?

- Lea pasajes similares en los que Pablo pide oración:

- 1 Tesalonicenses 5:25; Romanos 15:30; 2 Corintios 1:11; Filipenses 1:19; Filemón 22 (Tome en cuenta cómo Pablo desarrolló un escudo de oración –una cobertura de oración para protección– por medio de la oración de otros).

- Describa en sus propias palabras lo que significa desarrollar un escudo de oración. Si usted tiene un escudo de oración, describa cómo funciona para usted. En caso contrario, ¿qué hará prácticamente para desarrollar uno?

ACTIVIDADES PRÁCTICAS

- Haga una lista de algunos de los impedimentos que le impiden personalmente pasar un tiempo diario de calidad con Dios.

• Haga una lista de los miembros de su grupo pequeño (pasado y presente) junto con sus (de ellos) necesidades de oración. Empiece a orar diariamente por los que están en la lista.

• Haga una lista de las maneras en que su grupo celular ha orado durante el tiempo de la reunión (por ej., como un grupo, individualmente, etc.). Haga planes para cambiar la metodología de la oración en las próximas reuniones de la célula.

• Lea el libro de Peter Wagner, *Prayer Shield* (Regal Books, 1992), (El Escudo de la Oración) para entender la importancia de la oración intercesora.

• Haga una lista de las personas que estarían dispuestas a formar parte de su escudo de oración. Acérquese a estas personas para solicitar oración (por lo menos una vez por semana, o quizás diariamente).

CAPÍTULO 5
ESTABLECIENDO LAS METAS

Si usted no apunta a nada, seguramente ha de dar en el blanco! Es mucho más fácil tirar primero la flecha, y después dibujar el blanco alrededor de la punta de la flecha. Demasiados líderes están haciendo esto, y el proceso es lento y fortuito. Metas claramente definidas y el éxito de la célula forman una fuerte unión como un eslabón de hierro. Todas las ocho iglesias en este estudio establecen metas claras y definidas tanto a nivel de la iglesia como de la célula.

El poder de establecer metas se aplica tanto a los líderes de éxito como a las iglesias en crecimiento en general. Kirk Hadaway, en *Church Growth Principles: Separating Fact from Fiction* (Principios para el Crecimiento de las Iglesias: Separando los Hechos de la Ficción), resume los resultados de su profundo estudio estadístico:

> *«Las iglesias que crecen tienen metas definidas. Establecen metas medibles para la asistencia, para la Escuela Dominical, para los avivamientos, y para otras muchas áreas. ... Establecer las metas ayuda para que las iglesias puedan crecer. ... Las metas dan la dirección y aseguran que las prioridades (que fluyen del propósito) puedan ser realizadas. ... Las metas desafiantes tienen el potencial para producir motivación y entusiasmo. Los grandes planes crean un sentimiento de entusiasmo si son consistentes con la misión y la visión de una congregación y no se ven como totalmente imposibles.»*[1]

Como es normal, las ocho iglesias celulares exitosas en esta investigación fijan metas para su crecimiento y para el ministerio. Una de las metas que cada célula se esfuerza en ver cumplida es la fecha establecida para su multiplicación. Se les preguntaron a los 700 líderes de célula investigados, «¿Sabe usted cuándo va a multiplicarse su célula?» Las posibles respuestas eran «sí», «no», o «no estoy seguro». Los líderes celulares que conocen sus metas –cuándo sus grupos van a dar nacimiento a otro grupo– de forma consistente multiplican sus grupos más a menudo que los líderes que no lo conocen. De hecho, si un líder de célula no fija metas que los miembros de su célula recuerdan claramente, él tiene un 50% de posibilidades de multiplicar su célula. Pero si el líder fija metas, las posibilidades de multiplicar aumentan a un 75%.

Ted Engstrom, un líder de líderes, observa: «Los mejores líderes siempre tenían un curso planificado, metas específicas y objetivos escritos. Ellos tenían en mente la dirección en la que querían ir».[2] Lo mismo es verdad de los mejores líderes de células e iglesias.

CÉSAR CASTELLANOS

César Castellanos, pastor de la Misión Carismática Internacional en Bogotá, Colombia, se considera un apóstol con una visión apostólica. Su congregación sabe que él pasa mucho tiempo en oración y comunión con el Espíritu Santo. En esas oportunidades, él recibe su visión mundial para la iglesia. Como los apóstoles en la antigüedad, Castellanos ha transmitido con éxito su visión a los líderes principales. Algunos de sus líderes clave atribuyen su propio éxito a la visión e inspiración de su pastor.

Castellanos es uno que cree firmemente en las metas a corto y a largo plazo. En octubre de 1996, cuando la iglesia tenía 5.600 grupos celulares, la meta de la iglesia era tener 10.000 grupos celulares al 31 de diciembre de 1996. En ese tiempo yo escribí lo siguiente:

«...Las metas de la iglesia no estaban ajustadas para conformar a la realidad. Por ejemplo, la meta claramente establecida de la iglesia es tener diez mil grupos celulares para fines de 1996. Dos pastores de allí me dijeron que estaban seguros que iban a poder cumplir las metas aunque sólo faltaban dos meses. Esto representaba saltar de 5.600 grupos celulares a diez mil en tan sólo dos meses. En términos prácticos, esto es humanamente imposible.»

Dios se especializa en lo «humanamente imposible». Poco después de mi visita a la iglesia, sin embargo, el pastor Castellanos condujo a sus tropas en un último esfuerzo en 1996. Los líderes celulares estaban con tanto entusiasmo que ellos no sólo alcanzaron la meta de 10.000 grupos, sino que lo superaron en 600 grupos. Como usted se podrá imaginar, Dios me humilló y me enseñó de qué manera Él puede usar a un líder con metas claras. Cuando uno de los líderes de Dios está lleno con Su visión, el Espíritu Santo se mueve poderosamente.

Luis salas

Uno de los discípulos de César Castellanos es Luis Salas. Luis es tan serio sobre las metas que tiene un mapa de la batalla, una lista de metas de multiplicación. Después de leer su historia, usted entenderá por qué Castellanos usa a menudo a Luis como un ejemplo de la asombrosa multiplicación de los grupos celulares.

En junio de 1994 Luis empezó su primer grupo de célula que creció a 30 personas. En setiembre de 1994, Luis dio a luz una célula hija que pronto multiplicó de nuevo. Pero más allá de simplemente multiplicar el grupo, Luis entrenó diligentemente los miembros de la célula para que comenzaran sus propios grupos (que es la meta en la Misión Carismática Internacional). En febrero de 1995, Luis estaba supervisando 14 grupos cuyo liderazgo él había discipulado y pastoreado.

El Pastor César Castellanos notó el progreso de Luis y le pidieron que formara parte del equipo pastoral. Así que en octubre de 1995, Luis dejó sus grupos bajo el cuidado de otros mientras él empezó su nuevo ministerio directamente bajo Castellanos. Tres meses después, Luis empezó de cero una vez más. Dentro de un mes, su nuevo grupo celular había crecido de 10 a 60 personas. Este grupo grande dio nacimiento a varias células hijas, y para agosto la célula original había crecido a 46 células.

Luis y sus discípulos entrenaron cada uno de los líderes de estas 46 células, personalmente. Él sabe que la única manera realista de lograr su meta es de preparar nuevos líderes, así que constantemente busca y entrena los líderes que van surgiendo. En octubre de 1996, Luis estaba entrenando a 144 líderes potenciales. En noviembre de 1996, había 86 grupos celulares que estaban bajo el cuidado de Luis; un mes después, 144 células; en junio de 1997, 250 células. En enero de 1998, 600 células. En dos años Luis generó 600 células de una célula de 10 personas.

¿Está sentándose Luis en sus laureles? De ninguna manera. Él continúa estableciendo sus metas futuras y detalla los pasos que se necesitan para lograrlas.

Sin lugar a dudas, Luis es un líder celular especialmente dotado. No muchos poseen su mezcla de visión, administración y pasión. Pero su ejemplo nos debe inspirar, como dijo Guillermo Carey: «Espere grandes cosas de Dios e intente grandes cosas para Dios».[3] Luis vive en el futuro. Las metas y los sueños caracterizan su vida. Todos los líderes eficaces comparten esta característica.

DAVID YONGGI CHO

David Yonggi Cho sabe muy bien cuáles son sus metas. Él sabe adónde va su iglesia y cómo hará para llegar allí. Cho dice: «El requisito número uno para tener un crecimiento verdadero –un cre-

cimiento ilimitado en la iglesia– es fijar metas».[4] Él recomienda cuatro principios para establecer las metas:

1. Fije metas específicas.
2. Sueñe con esas metas.
3. Proclame esas metas a la iglesia.
4. Prepárese para el cumplimiento de las metas.

Cho cree que la orientación hacia las metas es tan esencial al éxito del ministerio de la célula que el sistema se derrumbaría sin él. En sus propias palabras: «Muchas iglesias están fallando en su sistema celular porque no les dan una meta clara a las personas ni les recuerdan constantemente sus metas. Si no tienen ninguna meta, entonces las personas se reunirán y simplemente tendrán un gran compañerismo».[5] Luego sigue diciendo: «Muchas personas me criticaron porque yo estaba dando metas a las personas de mi iglesia, y luego les animaba a que las lograran. Pero si usted no les da una meta, ellos no tendrán ningún propósito de estar en la célula».[6]

Tenga en cuenta que la meta es la evangelización del grupo celular que produce multiplicación. Con 25.000 líderes de célula estableciendo metas claras de multiplicación, ¿es de maravillarse que la Iglesia del Evangelio Completo Yoido sea la iglesia más grande en la historia del Cristianismo?

LAS IGLESIAS CELULARES EFICACES SABEN ADÓNDE VAN

Es asombroso cómo la orientación por metas satura todos los niveles de la iglesia celular. La Iglesia Amor Viviente en Honduras, que ministró a través de 800 células en 1998, es un buen ejemplo. Dixie Rosales, el director del ministerio celular, explica que él y René Peñalba (el pastor principal) determinan el número de grupos celulares todos los años. Él considera que este trabajo es sencillo porque cada nivel de dirección determina sus propias metas que se combinan entonces en una sola meta global:

1. Los líderes de la célula comunican sus metas de multiplicación a los supervisores del área.

2. Los supervisores del área les dicen a sus pastores cuántas células de la zona bajo su cuidado estarán listas para multiplicarse.

3. Los pastores zonales les dicen a los pastores de distrito cuántos nuevos nacimientos serían posibles en sus zonas.

4. Los pastores de distrito comunican sus metas y visiones al director de los grupos celulares.

5. El director de los grupos celulares, en coordinación con los pastores de distrito, establece una meta de multiplicación para el año. Entonces el equipo pastoral aprueba esta meta.

En la Iglesia Elim en El Salvador, las metas de multiplicación son puestas al día semanalmente y son anunciadas para mostrar cuáles líderes están más cerca de alcanzar sus metas (la meta para cada líder es una multiplicación del cien por ciento). Obviamente, nadie desea ser el último en la lista. La «competencia saludable» que existe entre los pastores crea un alto grado de motivación para crecer.

LAS METAS Y LA VISIÓN

La multiplicación no sucede así como así. En realidad, a menudo sucede exactamente lo contrario. La verdadera tendencia de los grupos celulares es de mirar hacia adentro. Se ha desarrollado más la amistad; se han compartido ratos de diversión. ¿Por qué debe la célula pensar siquiera en formar un nuevo grupo?[7] *En Home Cell Groups and House Churches* (Grupos Celulares Caseros e Iglesias en Casas) se informa lo siguiente:

> *«El principio de la división y crecimiento de la célula parecen críticos aquí para ayudar a impedir el problema de la exclusividad... El propósito de tal acción está concebida para prevenir la clase de exclusividad y la tendencia hacia adentro que pueden finalmente minar una*

de las metas más significativas de los grupos celulares –evangelización y crecimiento.»[8]

Es precisamente en este punto de «volverse hacia adentro» que sin una visión para el crecimiento el pueblo perece (Proverbios 28:19). Esta visión sólo puede venir del liderazgo: –los líderes de sección, los líderes de célula, e internos–. Los líderes que lanzan la visión avivan la llama y mantienen viva la meta. La visión, como la fe, ve las cosas que no son como si fueran. En *The Power of Vision* (El Poder de la Visión) George Barna escribe:

«La visión es un cuadro que se tiene en la imaginación de la manera como las cosas pudieran o debieran ser en los días venideros. La visión implica una realidad visual, una imagen de condiciones que no existen en la actualidad. Esa imagen es subjetiva y personal.»[9]

Los líderes eficaces meditan en su visión y la clarifican; así ellos pueden compartirla con otros. «Los líderes sólo son tan poderosos como las ideas que ellos pueden comunicar», según *Leaders: The Strategies for Taking Charge*[10] (Líderes: Las Estrategias para Dirigir). Aunque no es una tarea fácil, los líderes salen en fe para comunicar constantemente a sus células que ellos, *sí*, se multiplicarán. Ellos creen en la visión de extender la mano a otros y traerlos para conocer a Jesús, y que Dios los guía para que se cumpla. Mientras algunos miembros de célula abrazan la multiplicación de la célula con el propósito de cumplir la Gran Comisión de Cristo, otros hablan sobre la división de la célula con una connotación negativa. El líder hace la diferencia en la manera con que el grupo ve el crecimiento y la multiplicación.

Es algo así como la historia acerca de dos vendedores de zapatos que fueron a África. Ambos notaron que muy pocas personas llevaban zapatos. Uno telegrafió a su oficina en su país, diciendo: «Nuestra compañía no tiene futuro aquí. No hay ningún mercado para nues-

tro producto. Nadie usa zapatos». El otro vendedor envió rápidamente un telegrama diciendo lo siguiente: «El mercado aquí es como una mina de oro. ¡Todos necesitan zapatos!»[11]

Haciendo un comentario sobre el milagro del crecimiento de la iglesia de David Cho –cómo creció de 20 grupos pequeños a más de 20.000 grupos pequeños– C. Kirk Hadaway dice, «… los números siguieron creciendo porque una estrategia de crecimiento se introdujo en cada grupo celular».[12] Esta «estrategia introducida» o «código genético» se implanta a través de la visión y sueños del líder de la célula. Karen Hurston habla acerca de un líder de célula llamado Pablo, que comparte con el grupo su visión de multiplicación antes de cada reunión. Las personas en el grupo de Pablo tienen una idea muy positiva sobre la multiplicación del grupo celular. Ellos ven la multiplicación de su grupo como una señal de éxito.[13]

La visión explica por qué Freddie Rodríguez tiene éxito. En 1987, Freddie se convirtió y llegó a ser discípulo de César Fajardo, el líder juvenil de la Misión Carismática Internacional en Bogotá. MCI opera bajo el «Modelo de Doce por Grupo» que emula la manera en que Jesús formó Su grupo celular de 12. Ya para 1990, Freddie había encontrado a sus 12 discípulos quienes estaban dirigiendo grupos celulares. Esos 12 buscaron y encontraron 12 más, y el proceso continuó. A partir de junio de 1998, Freddie era directamente responsable de más de 1.400 grupos celulares. Él continúa reuniéndose con su original grupo de 12 todas las semanas, y también se reúne con alrededor de 800 líderes a su cargo en forma semanal.

Líder de célula, ore y sueñe con su grupo celular. Pregúntele a Dios que le muestre Su voluntad para el grupo. No es prudente que el líder de la célula haga el trabajo del ministerio a expensas de su tiempo con el Señor. Y trabajar sin una meta dada por Dios a menudo resulta ser inútil. Quizás esta es la razón por la que los líderes que pasan más tiempo con Dios son más eficaces en la multiplicación de la célula. Ellos han recibido la visión de Dios para el grupo celular. Barna dice: «... el proceso de captar la visión puede ser una prueba. Se pasarán horas y horas en oración, en estudio. ... Algunos líderes encuentran que este tiempo es muy solitario»."[14] Pero, indudablemente, muy fructífero al final.

LAS METAS Y EL PRAGMATISMO

«Donald McGavran, el fundador del movimiento del crecimiento de la iglesia, enseña que el crecimiento de la iglesia es simplemente pescar el pez (la evangelización) y no dejarlos escapar (el discipulado en la iglesia). La pasión de McGavran por los perdidos lo impulsó a promover un pragmatismo inflexible. Él escribe:

Nada duele tanto a las misiones en ultramar como seguir los métodos, las instituciones y las políticas que deberían traer los hombres a Cristo –pero no lo hacen–; que deberían multiplicar las iglesias –pero no lo consiguen–; que deberían mejorar la sociedad –pero no lo logran–. Si no obra para la gloria de Dios y el crecimiento de la iglesia de Cristo, tírelo y consiga algo que sí lo logra. En cuanto a los métodos, somos furiosamente pragmáticos –la doctrina es otra cosa completamente diferente.»[15]

Todo lo anterior nos lleva a este punto: No hay finalmente ninguna «manera correcta» de multiplicar su grupo celular. La «manera correcta» para usted es la que edifica a los santos y atrae a los no cristianos a su grupo. Las metas y los sueños impulsan a un líder de célula para hacer que suceda; sin embargo el trabajo se consigue hacer –dentro de las pautas bíblicas– por supuesto. Los líderes de célula exitosos traducen la intención en realidad y luego lo mantienen.[16] Si un líder de célula ha multiplicado el grupo, él o ella lo han hecho de la «manera correcta». Esta actitud caracterizó la vida y ministerio de Juan Wesley. Richard Wilke nota lo siguiente:

«Juan Wesley cambió sus estructuras y métodos, casi contra su voluntad, para poder salvar las almas. Él no quiso usar a las mujeres, pero lo hizo en circunstancias muy excepcionales. Lo "excepcional" se volvió normal. No quiso usar a los pastores no ordenados, pero lo hizo. Ellos eran capaces de alcanzar a los incrédulos. Él no quiso predicar al aire libre, pero lo hizo para que más personas pudieran oír la Palabra de Dios.»[17]

Tom Peters lleva el pragmatismo un paso más lejos. «Los mejores líderes... son los mejores "anotadores", los mejores "preguntadores", los mejores aprendices. Son ladrones sin vergüenza.»[18] Peters recomienda la metodología de «Que se arrebate de los Mejores con Orgullo»[19] que finalmente conducirá a la multiplicación del grupo celular.

Los líderes de célula exitosos saben adónde van y cómo llegar allí porque ellos lo oyen del Maestro. La dirección celular eficaz no está basada en artimañas y técnicas. Está fundamentado en el tiempo que se pasa con Dios hasta que Él proporciona una dirección y guía claras. Finalmente, Él concede el éxito.

Su iglesia también puede crecer rápidamente. La clave está en los líderes celulares que oran y que han asumido una mentalidad de orientación hacia metas definidas. Cada uno de los líderes de Cho debe saber cuándo su grupo dará nacimiento a otro (es preferible conocer la fecha exacta).[20] Ralph Neighbour da instrucción similar: «Los líderes de célula fijarán una meta para duplicar la célula en un cierto periodo de tiempo. Estas metas pueden ser alcanzadas mientras el Espíritu Santo unge a las personas como uno mismo...» Alguien ha dicho: «¡yo preferiría tirar a un blanco y errarle, que tirar a la nada, y pegarle!»[21]

Resumen del capítulo

• Las iglesias que crecen están orientadas hacia metas concretas. Todas las iglesias celulares en este estudio fueron guiadas por metas claras y precisas para la multiplicación de la célula (pág. 72).

• Aquellos líderes de célula que conocían la fecha para la multiplicación de su célula tenían mayores probabilidades de multiplicar su célula que aquellos que no fijaron una meta (pp. 75-78).

• El Pastor César Castellanos y David Cho son ejemplos de pastores principales que fijan metas claras para su iglesia y animan a los líderes bajo ellos que hagan lo mismo (pp. 72-75).

• Los grupos celulares tienen la tendencia a enfocar su atención hacia adentro y a ocuparse de sus propios intereses, y por consiguiente necesitan una meta claramente definida para mantenerlos enfocados hacia afuera, hacia la evangelización (pp. 76-79).

• Hay más de una manera de multiplicar un grupo celular con éxito. La manera correcta es lo que funciona (dentro de las pautas bíblicas). La clave está en experimentar hasta que descubra qué es lo que funciona para usted (pp. 79-80).

Preguntas para meditar

• Repase los cuatro principios para establecer metas (en la página 75) recomendados por Yonggi Cho. ¿Cuál(es) de éstos le habla a usted ahora como un líder?

- ¿Por qué razón algunos líderes podrían oponerse a establecer metas para la multiplicación del grupo celular?

- ¿Tiene usted una fecha fija para multiplicar su célula? En ese caso, ¿cuándo? ¿Y cómo se sienten los miembros de su célula en cuanto a eso? Si no tiene una fecha establecida, ¿por qué? ¿Y cómo puede trabajar usted con los miembros de su célula para establecer una fecha?

- ¿Por qué tienen los grupos celulares la tendencia de volver su atención hacia adentro, hacia ellos mismos, en lugar de volcarse hacia afuera para alcanzar a otros? ¿Ha sido esto verdad en su célula? Explique.

- ¿Cuáles son los impedimentos a la multiplicación en su célula? ¿Qué está haciendo usted para corregir esos problemas?

Pasajes de la Biblia relacionados

- Lea Mateo 6:25-28 y Santiago 4:13-15.

- ¿Qué dicen estos pasajes sobre la manera como vemos el futuro? ¿Con estos pasajes en mente, ¿qué tipo de cautela debemos ejercer cuando establecemos metas futuras? Dé ejemplos específicos.

- Lea Josué 14:6-15.

- ¿Cómo incluyó Caleb a Dios en su meta futura? (v.14). Usando el ejemplo de Caleb, describa su meta para la multiplicación de su grupo celular.

Actividades prácticas

- Apunte los nombres de los líderes potenciales en su célula.

- Hable con su supervisor (o líder G-12) sobre los nombres que usted tiene en la lista. Tome su consejo.

- Con su supervisor, planee una fecha específica para la multiplicación de la célula. Entonces comparta con el grupo la fecha planeada para la multiplicación.

- Prepare una serie de cuatro miniexhortaciones sobre la necesidad de extenderse para evangelizar a través de la multiplicación de la célula. Cada dos semanas durante dos meses, comparta estos temas durante el tiempo para compartir la visión con el grupo celular.

CAPÍTULO 6
LEVANTE NUEVOS LÍDERES

La frase «evangelización urgente» expresa dos cosas: 1. La enseñanza de las Escrituras sobre el destino de aquellos que no conocen a Jesús y 2. La necesidad de los creyentes de compartir el evangelio de Cristo. Un asunto «urgente» toma prioridad sobre otras preocupaciones, y Jesús expresó claramente Su prioridad en la tierra cuando dijo: «Pues el Hijo del Hombre vino a buscar y salvar lo que se había perdido» (Lucas 19:10).

La prioridad de Cristo sigue siendo algo urgente. Él dijo: «Ustedes dicen: "todavía faltan cuatro meses para la cosecha"; pero yo les digo que se fijen en los sembrados, pues ya están maduros para la cosecha» (Juan 4:35) Comentando sobre este pasaje, Matthew Henry dice: «El tiempo de la cosecha ... no va a durar para siempre; y el trabajo de la cosecha es una tarea que debe realizarse en dicho momento o de lo contrario no se hará... es un trabajo necesario, y la ocasión para él es muy urgente y demandante».[1]

Las Escrituras enseñan que el mundo está eternamente perdido (Juan 3:36; 2 Tesalonicenses 1:7-9,16; Judas 23). Pablo se sintió obligado a predicar el evangelio (1 Corintios 9:16) y de persuadir a las personas con las buenas noticias de Jesucristo porque cada persona estará ante el tribunal de Cristo (2 Corintios 5:11). Él escribe en Romanos 10:14: «Pero, ¿cómo van a invocarlo, si no han creído en Él? ¿Y cómo van a creer en Él, si no han oído hablar de Él? ¿Y cómo van a oír, si no hay quien les anuncie el mensaje?» Ése es un mensaje urgente.

Estamos en guerra sobre el eterno asunto de las almas de las personas. El príncipe de las tinieblas reconoce que a él y a sus fuerzas demoníacas les resta ya poco tiempo (Apocalipsis 12), y estas fuerzas malignas se esfuerzan por enceguecer y engañar tantas personas como puedan. Dios llama a Su Iglesia a derrotar al enemigo ganando a las personas para Jesús. Algunos cristianos luchan solos, pero la metodología de la iglesia celular está orientada hacia el grupo. Cada célula es un equipo guerrillero para alcanzar a los perdidos. Los grupos celulares comprenden desde el comienzo que son llamados para cumplir un propósito mayor que ellos mismos: el de alcanzar a los perdidos para Jesucristo. Esto dirige la célula como una unidad y la une bajo un propósito.

«La evangelización urgente» en la iglesia celular produce conversiones, y por lo mismo una rápida multiplicación de la célula. El crecimiento numérico es intencionalmente planeado y agresivamente perseguido. La única motivación para el crecimiento en las ocho iglesias investigadas es el estado eterno de aquellos que no conocen a Jesús. Estas iglesias no discuten sobre «los números». Ellas buscan a los perdidos por razones eternas.

VEA A TODOS COMO UN MINISTRO

Pablo escribe en Efesios 4:11-12 que Dios dio el liderazgo a la Iglesia con el propósito de entrenar a los creyentes no ordenados para hacer el trabajo del ministerio. El propósito del liderazgo, por consiguiente, es el de preparar al pueblo de Dios «para un trabajo de servicio, para hacer crecer el cuerpo de Cristo». Juan hace eco de esta verdad en Apocalipsis 1:6 cuando dice que Cristo nos ha hecho un reino de sacerdotes.

Como hijos de la Reforma, estamos de acuerdo con el concepto que cada cristiano es un ministro. Pero eso no significa necesariamente que vivimos como tales. Muchos en los Estados Unidos preguntan, «¿Por qué no ha aparecido y se ha desarrollado rápidamente la iglesia celular en EE.UU. como en Corea?» Larry Kreider, fundador de la Comunidad Cristiana DOVE, le hizo a David Cho esa misma pregunta. Cho no dudó al contestar: «El problema aquí en América es que los pastores no están dispuestos a soltar a su pueblo no ordenado, para el ministerio».[2] Cho se está refiriendo a la vacilación del liderazgo pastoral en EE.UU. para delegar autoridad pastoral a sus líderes de célula e internos.

En un sentido, esta vacilación es entendible. Ningún pastor quiere ser acusado de superficialidad, o de dar énfasis a la cantidad antes que la calidad. También, la mayoría de los pastores en EE.UU. han pasado por un sistema de entrenamiento extenso y formal. Es natural, por consiguiente, e incluso lógico para ellos esperar que el potencial liderazgo no ordenado atraviese un entrenamiento formal similar. Y, sí, tiene mérito este tipo de entrenamiento previo al servicio. Por cierto que quita la cizaña de los no comprometidos y asegura que los líderes potenciales se familiaricen con sana doctrina cristiana.

Esta forma de pensar, sin embargo, tiene dos errores fatales. Primero, no reconoce que el mejor aprendizaje es tomado, no enseñado. Aprender a ser líder es un proceso, de modo que los líderes potenciales no pueden ser «perfeccionados» antes de que se les ponga en el ministerio. Los líderes obtienen experiencia vital al cometer errores, reflexionan sobre ellos, y los corrigen en la marcha. El grupo celular es, de hecho, el laboratorio perfecto. Carl George dice: «El mejor contexto posible que alguien haya descubierto alguna vez para el liderazgo en vías de desarrollo ocurre debido a un grupo pequeño».[3]

La segunda falla tiene que ver con el trabajo del Espíritu Santo. Una filosofía que confía en el entrenamiento formal para la dirección de la célula minimiza a menudo el poder de, y la confianza en,

el Espíritu Santo. Tome el ejemplo del apóstol Pablo. Durante el primer siglo, Pablo estableció iglesias a lo largo del Mediterráneo y las dejó en las manos de cristianos relativamente nuevos.[4] Él confió que el Espíritu Santo obraría a través de estos líderes jóvenes. Hablando del método de Pablo, Roland Allen escribe:

> *«En el momento que había convertidos en algún lugar se nombraban ministros de entre ellos mismos, obispos o presbíteros, quienes a su vez podían organizar y traer la unidad de la iglesia visible y podrían formar un nuevo grupo de Cristianos en su barrio.»*[5]

A diferencia de Pablo, a menudo colgamos lazos educativos alrededor de los cuellos de los líderes potenciales, pensando que sólo los que están entrenados según nuestras características pueden ministrar. Pablo confió en el Espíritu Santo para trabajar en las vidas de los nuevos creyentes y los líderes en vías de desarrollo. Como señala David Sheppard: «Nosotros nos hemos conformado al sacerdocio de todos los creyentes educados».[6] Los otros santos tan sólo se sientan y escuchan domingo tras domingo. Aubrey Malphurs describe exactamente el problema:

> *«La gran tragedia es que demasiados Cristianos o no están involucrados o no están correctamente involucrados en ningún servicio para Cristo y para su iglesia. ... Según una encuesta realizada por George Gallup ... sólo un 10 por ciento de las personas en la iglesia está realizando el 90 por ciento del ministerio de la iglesia. Así, un 90 por ciento de las personas son típicamente "calentadores de banco" desempleados. De ese 90 por ciento, aproximadamente un 50 por ciento dice que no se van a involucrar bajo ninguna circunstancia. El otro 40 por ciento dice que les gustaría estar involucrados, pero no se les ha solicitado o entrenado para ello.»*[7]

El «desempleo» de los no ordenados es un problema serio que la iglesia enfrenta hoy día. El ministerio de «enseñanza y predicación» típico del domingo a la mañana no involucra a muchos ministros no ordenados. Solamente los muy «dotados» y «altamente educados» pueden participar. Hadaway escribe: «El cristianismo del mundo occidental dominado por los clérigos (pastores) ha hecho más grande la separación entre los pastores y los creyente no ordenados, en el cuerpo de Cristo. Esta división de trabajo, autoridad y prestigio es común cuando existe un clero profesional».[8]

La agenda de Dios de una «evangelización urgente» demanda la participación de todo Su pueblo. El tiempo para que un grupo selecto haga el trabajo del ministerio ha pasado. Éste es, en cambio, el tiempo para confiar que el Espíritu Santo trabaje en todo el Cuerpo de Cristo. En lugar de confiar en nuestra propia especialización, educación y experiencia, debemos confiar que Dios obre a través de otros mientras los capacitamos y los liberamos para el liderazgo.

Descentralice el ministerio

En las iglesias celulares, el ministerio se quita de las manos de unos «pocos escogidos» y se pone en el regazo de los muchos. Al contrario de lo que sucede en un culto grande, en los grupos celulares todos son animados a participar y usar sus dones espirituales. Pedro nos recuerda que «Como buenos administradores de las variadas bendiciones de Dios, cada uno de ustedes sirva a los demás según los dones que haya recibido» (1 Pedro 4:10). Nadie se sienta pasivamente. Todos debemos estar involucrados.

Este tipo de descentralización promueve la multiplicación rápida en la Misión Carismática Internacional, donde una cantidad de «maquinaria» que impedía que los no ordenados estuvieran involucrados ha sido quitada. El pastor César Castellanos dice que la meta de MCI es hacer un líder de célula de cada persona que entra en la

iglesia. Él invita a los líderes de célula potenciales al altar durante los servicios de la celebración. Si las células van a multiplicar rápidamente, se deben buscar constantemente nuevos líderes para que puedan funcionar.

Los grupos celulares son «criaderos de líderes».[9] Hadaway escribe: «Los pequeños grupos ubicados en las casas proporcionan la atmósfera íntima… que conduce al máximo desarrollo de los líderes».[10] Por esta razón, las iglesias celulares están en una posición privilegiada para maximizar el involucramiento de personas no ordenadas. Obtener nuevos líderes debe ser algo prioritario. El pastor Castellanos les dice a sus líderes que no «recluten» miembros de célula, sino que «entrenen» a nuevos líderes. El éxito de la iglesia celular depende en la transformación de los no ordenados en líderes no ordenados. Esa es la fuerza detrás de la explosión del grupo celular casero. La meta de todo líder celular, por lo tanto, es de obtener nuevos líderes. Muchos líderes de célula fallan precisamente en este punto porque el foco principal del desarrollo del liderazgo se nubla con la carga de atraer a las personas nuevas, perfeccionar el contenido de la lección o de preparar la adoración.

EL LÍDER DE CÉLULA COMO PASTOR

Los líderes celulares también son pastores. Algunas personas tienen problema en llamar a los líderes celulares «pastores», pero cumplen con todos los principios bíblicos de un pastor. En el sistema de los grupos pequeños de Juan Wesley, los líderes de la clase eran pastores. En el pastoreo hay cinco principios fundamentales involucrados.

1. Cuida de las ovejas (Hechos 20:28-29).

   El líder de la célula visita, aconseja, y ora por la grey enferma. El líder de la célula es responsable de cuidar de la célula como un pastor cuida su rebaño. El largo tiempo que

Karen Hurston estuvo involucrada con la Iglesia del Evangelio Completo Yoido en Seúl, Corea, la convenció de que la visitación del líder de célula es primordial.

2. Conoce las ovejas (Juan 10:14-15)

Los líderes celulares eficaces llegan a conocer a todas las personas que entran en el grupo. Ralph Neighbour Jr., recomienda que el líder de la célula hable uno por uno con los nuevos miembros, usando un librito que se titula *The Journey Guide* (Guía para el Viaje) para facilitar esta entrevista inicial.[11] Él escribe:

«¡No hay nada que pueda sustituir el tiempo personal con cada miembro de su grey! Es en este tiempo privado cuando usted discierne su sistema de valores y sus necesidades más profundas. Mientras que generalmente tendrá a su Colaborador a su lado cuando visita, habrá algunas veces cuando una sesión más privada le puede ayudar a obtener un conocimiento especial de cada persona.»[12]

3. Busca a las ovejas (Lucas 15:4).

Jesús habla sobre dejar las 99 ovejas para buscar la que se ha descarriado. Sabiendo que un mundo dominado por Satanás siempre está trabajando contra la piedad en las vidas de los miembros de la célula, un verdadero pastor va en busca de la oveja que deja de asistir.

4. Alimenta a las ovejas (Salmos 23:1-3).

El grupo celular no es un estudio bíblico, pero la Palabra de Dios siempre tiene un lugar central. Muchas reuniones son basadas en la aplicación práctica de un pasaje de las Escrituras, y los líderes que se preparan para la célula a menudo meditan en un pasaje más tiempo que si estuvieran diri-

giendo un estudio bíblico o una clase de la Escuela Domini-
cal. Deben conocerlo lo suficiente como para guiar al grupo con amor a entender claramente cómo la Biblia se aplica a sus vidas diarias. De esta manera, las ovejas se alimen-
tan y salen del grupo celular satisfechos.

5. Tiene cuidado de las ovejas (Juan 10:10, Efesios 6:12).

Satanás anda como león rugiente esperando devorar la grey
de Dios (1 Pedro 5:8-9). En muchas iglesias, Satanás tiene
rienda suelta para atacar porque las personas no son cuidadas adecuadamente. En la iglesia celular, alrededor de
cada 10 miembros están bajo el cuidado y la guía del pastor de célula y su colaborador, que son responsables de
proteger sus ovejas. El consejo de Pablo a los pastores en
Éfeso es útil para cada líder de célula:

*«Por lo tanto, estén atentos y cuiden de toda la congre-
gación, en la cual el Espíritu Santo los ha puesto como
pastores para que cuiden de la iglesia de Dios, que él
compró con su propia sangre. Sé que cuando yo me
vaya vendrán otros que, como lobos feroces, querrán
acabar con la iglesia. Aun entre ustedes mismos se le-
vantarán algunos que enseñarán mentiras para que los
creyentes los sigan. Estén alerta.» (Hechos 20:28-31).*

Se nos recuerda aquí que Satanás no sólo ataca desde afuera. Él
también levanta a los que se autoproclaman líderes en los pequeños
grupos cristianos para crear división y atraer a algunos para que los
sigan. Las personas problemáticas son comunes en los grupos pequeños, y el pastor de la célula debe ser diligente en asegurarse de
que su conducta no afecte su grupo negativamente.

Pastoreando a los que están en el grupo

En la encuesta también se les preguntó a los líderes de las células: «¿Como líder del grupo celular, cuántas veces por mes tiene usted contacto con los miembros de su grupo?» Más de 700 contestaciones proporcionaron estos resultados: 25 por ciento, una a dos veces por mes; 33 por ciento, tres a cuatro; 19 por ciento, cinco a siete; y 23 por ciento, ocho o más. Eso es correcto: 23 por ciento de los líderes celulares en este estudio visita los miembros de su célula ocho o más veces por mes. Como podría esperarse, líderes que visitan más a menudo a los miembros de la célula multiplican el grupo celular más veces. Una visita personal demuestra el cuidado pastoral del líder de la célula y a menudo convierte a los miembros de la célula en obreros celulares.

Tenga el deseo de multiplicar los líderes

Si usted está incómodo con el concepto de «los pastores no ordenados», recuerde que los líderes celulares y colaboradores no son maestros de la Biblia. Su descripción de trabajo es pastoral.[13] En lugar de enseñar una lección de la Biblia, los líderes de la célula guían el proceso de comunicación, oran por el grupo, visitan a los miembros de la célula, y alcanzan a las personas perdidas para Cristo. Carl George dice sucintamente: «En la iglesia del futuro un líder no se conocerá por la capacidad de él o de ella de manejar una guía de estudio bíblico trimestral o escrito tanto como una habilidad para relacionarse con las personas de tal manera que permitan que tengan acceso a sus vidas».[14]

Las iglesias celulares que crecen capacitan a sus líderes con éxito, usando tanto el entrenamiento antes del culto como un entrenamiento continuado. La dirección pastoral en la iglesia celular debe confiar en el Espíritu Santo para trabajar a través de aquellos que desean servir a Jesús, debe mostrar entusiasmo y debe tener un

claro testimonio.[15] Mientras Dios levanta líderes potenciales, ellos necesitan ser reconocidos como tales por los líderes de la célula. Nuevamente, David Cho es un ejemplo de alguien que obviamente hace eso. Incluso en una iglesia de 700.000+ miembros, la Iglesia del Evangelio Completo Yoido mantiene un promedio de un líder no ordenado por cada 10 a 16 miembros de la iglesia.[16] Por ejemplo, en 1988 fueron nombrados 10.000 nuevos líderes no ordenados, para el ministerio.[17]

Cuando se le preguntó de dónde provenían todos los líderes para los miles de nuevos grupos celulares, Cho inmediatamente informa: «Nosotros los obtenemos de nuestros recién convertidos».[18] Otro pastor cuyos líderes vienen de este campo es Pete Scazzero, que está encargado de una iglesia celular de la AC&M (Alianza Cristiana y Misionera) en Nueva York. Él dice:

> *«Nuestro futuro está limitado por nuestro liderazgo. …Varios de los líderes y aprendices de los grupos celulares son nuevos convertidos (cristianos nuevos). Los creyentes jóvenes que dirigen los grupos celulares crecen como locos… especialmente mientras aprenden a basar su identidad en Cristo en lugar de basarla en sus ministerios o en sus egos.»[19]*

Las iglesias latino americanas usadas en este estudio confirman los hallazgos de Scazzero. La investigación indica que los creyentes más nuevos tienden a multiplicar sus grupos más rápidamente que aquellos que han sido creyentes por más tiempo. ¿La razón de esto será porque los creyentes nuevos todavía tienen contactos no cristianos? Demasiados «cristianos maduros» pierden contacto con sus conocidos no cristianos. Esto demuestra que mientras los líderes de células observan cuidadosamente a sus miembros para identificar y desarrollar a los líderes que van surgiendo, no pueden darse el lujo de pasar por alto a los nuevos convertidos. Observe cómo crecen los miembros y escuche para recibir la guía del Espíritu Santo. Si usted como líder de la célula pone el desarrollo de líderes como su meta principal, está en camino a una multiplicación exitosa del grupo celular.

ORE CONTINUAMENTE POR MÁS LÍDERES

El desarrollo y despliegue de los líderes es primera y fundamentalmente una tarea divina. Sólo Dios puede levantar un líder ungido y eficaz. Jesús instruyó a sus discípulos de esta manera: «Ciertamente la cosecha es mucha, pero los trabajadores son pocos. Por eso, pidan ustedes al Dueño de la cosecha que mande trabajadores a recogerla». (Mateo 9:37-38). Debemos recordar que Dios está trabajando detrás del escenario para desarrollar nuevos líderes.

La oración toca el corazón de Dios y cambia nuestros propios corazones. Produce dentro de nosotros una constante vigilia buscando líderes potenciales. La oración nos da la perspectiva de Dios y borra nuestras propias ideas preconcebidas. Esa persona que usted ve hoy día que está tropezando y chapuceando podría ser el próximo pastor de distrito. El consejo de Dios a Samuel nos recuerda constantemente: «No te fijes en su apariencia ni en su elevada estatura, pues yo lo he rechazado. No se trata de lo que el hombre ve; pues el hombre se fija en las apariencias, pero yo me fijo en el corazón» (1 Samuel 16:7). La pureza de corazón, la fidelidad y la voluntad de trabajar duramente son mucho más importantes en el ministerio celular que el talento natural, el nivel social o el carisma.

INVOLUCRE A LOS LÍDERES POTENCIALES

El próximo paso después de orar por los líderes potenciales es de involucrarlos en la reunión celular. Porque su reunión celular es un lugar de entrenamiento para los nuevos líderes, pídale a María que conduzca la sección de rompimiento de hielo la próxima semana. O

invite a Jaime que conduzca la adoración. Finalmente, otro puede ser el facilitador de la lección. Las personas aprenden mientras están actuando, así que permita que los miembros estén involucrados.

Evite poner títulos al principio en los líderes potenciales. Jesús llamó a sus discípulos para que le siguieran antes de darles títulos oficialmente (Marcos 1). Esté seguro que cierta persona es la persona correcta para conducir el próximo grupo celular antes de ponerle un título a él o a ella. Esto le permite elegir a la persona correcta, pero también producirá más líderes. Las personas estarán más gustosas de tener el título si han saboreado y han disfrutado la experiencia de liderazgo.

COMPRUEBE LA FIDELIDAD

Los líderes de célula potenciales necesitan ser aprobados en las cosas pequeñas. Jesús dice en Lucas 16:10: «El que se porta honradamente en lo poco, también se porta honradamente en lo mucho; y el que no tiene honradez en lo poco, tampoco la tiene en lo mucho». La fidelidad es esencial en el liderazgo de la célula. Las personas perdonan las excentricidades o debilidades, pero los que son infieles o irresponsables automáticamente son quitados del liderazgo. Esto significa que un líder potencial debe ser probado más de una vez. Déles varias oportunidades a las personas para realizar una tarea particular. No califique de infiel a una persona sólo porque una noche no ha traído los refrescos. Déle varias oportunidades.

Las personas aprenden mejor tomando pasos cada vez mayores. Es decir, la realización exitosa de una tarea más pequeña les ayuda a ganar confianza para una más grande. Empiece por pedir a la persona que lea las Escrituras, que ore, o que organice la parte del refrigerio. Note si la tarea se completa con éxito. Si no fuere así, hable directamente con esa persona porque la transparencia y la honestidad es la mejor política. Si se realiza correctamente, déle una responsabilidad mayor la próxima vez.

CONSULTE CON OTROS

Usted como el líder de la célula está en la mejor posición para involucrar y reclutar nuevos líderes. Pero no lo haga solo. El autor de los Proverbios aconseja: «Si no hay buen gobierno, la nación fracasa; el triunfo depende de los muchos consejeros». (11:14). Para asegurar la victoria escogiendo a sus colaboradores, consulte con los líderes que están sobre usted (por ej., el que le discipula, el supervisor, el pastor de zona). Ellos confirmarán sus decisiones la mayoría de las veces, pero usted necesita estar seguro. Ellos podrían saber algo que usted no sabe. Una de las bellezas de la iglesia celular es la cantidad de líderes celulares que aseguran el control de la calidad.

RECLUTE AL NUEVO LÍDER

Cuando usted está seguro de haber encontrado el/los líder/es, haga contacto con él o con ellos, según sea el caso. Siga el ejemplo de Jesús que llamó a sus discípulos personal y directamente. Vaya a la casa, al colegio o al trabajo de la persona –tenga una reunión especial con él–. Las reuniones importantes generalmente se planifican bien. El nuevo líder potencial necesita saber que la decisión fue deliberada y premeditada. Y no deje de alabarle por miedo a que se «hinche». Todos los pequeños estímulos obran maravillas mientras los nuevos líderes enfrentan miedos e incertidumbres en cuanto a sus talentos, dones espirituales, y debilidades. Afirme cualquiera y todas sus cualidades positivas. Todos nosotros anhelamos saber que hacemos algo bien. Una buena regla es dar más alabanza que crítica. Antes de que usted ofrezca consejo, pregunte a sus colaboradores si ellos ven alguna necesidad de mejorar algo. Permítales mencionar aquellas debilidades que son obvias antes de que usted lo haga. Esto le permitirá ver cómo perciben ellos las cosas mientras fortalece su papel como persona que imparte ánimo.

ENTREGUE CADA VEZ MÁS MINISTERIO AL NUEVO LÍDER

El ejemplo de Jesús es instructivo para el ministerio celular. Jesús les mostró a Sus discípulos cómo realizar el ministerio; Él ministró al lado de ellos. Él modeló el ministerio eficaz mientras los discípulos miraban y participaban. Jesús fue entonces un paso más adelante: les mandó a los discípulos que hicieran algún trabajo por ellos mismos (Mateo 10:5-20). Finalmente, después de un entrenamiento completo, Jesús los dejó completamente (Hechos 1:11).

Seis meses generalmente es tiempo suficiente para que usted pueda desarrollar un nuevo líder para pastorear una célula. Usted puede levantar líderes para la célula más rápidamente o podría tomar más tiempo, pero tenga como meta preparar al nuevo líder en seis meses. Si usted lo ha hecho correctamente, el nuevo líder de célula debe poder dirigir una célula hija, plantar una nueva célula, o continuar dirigiendo su grupo (mientras usted empieza uno nuevo).

ENTRENE A SUS LÍDERES COMPLETAMENTE

El entrenamiento en la iglesia celular más que entrenar es como preparar una fuerza de choque relámpago de un ejército en pie. Los nuevos líderes pueden estar pronto en la vanguardia, y esta realidad demanda un entrenamiento relevante que es práctico, laborable, y utilizable en la misma semana.

Todas las iglesias celulares en esta investigación han definido los requisitos claramente para los líderes de célula potenciales. Aunque estos requisitos varían de iglesia en iglesia, los requisitos principales incluyen:

1. Salvación
2. Bautismo en agua
3. Asistencia a la célula
4. Realización de un curso de entrenamiento celular.[20]

Aunque la longitud y las demandas del curso de entrenamiento celular varía, hay dos características similares: 1. Es enseñado por personal pastoral y 2. Siempre cubre la organización de la célula, la visión de la célula, y requisitos del liderazgo según el Nuevo Testamento. Las iglesias celulares que levantan nuevos líderes rápidamente, y también eficazmente, mantienen tanto el aspecto cuantitativo como el cualitativo. Ambos son esenciales.[21]

Algunos ingredientes clave siempre están presentes en las iglesias con modelos de entrenamiento para líderes celulares:

1. Algún tipo de preentrenamiento para los líderes de la célula.

2. Un sistema Jetro en el que cada líder es pastoreado.[22]

3. Entrenamiento continuo.

4. Una manera intencional de ubicar, animar e integrar a los nuevos líderes en la estructura de liderazgo.

La pregunta urgente sobre los modelos de entrenamiento es: «¿Cuál modelo sirve mejor para el proceso de multiplicación?» Nadie lo hace mejor que la Misión Carismática Internacional.

Entrenamiento de líderes en MCI

MCI estima que conserva la mayoría de sus nuevos convertidos debido a su programa de seguimiento y de entrenamiento. César Fajardo, el pastor de MCI responsable por levantar más de 6.500 grupos celulares juveniles, dice que la clave de su éxito es un liderazgo de calidad, que produce un asombroso crecimiento de la iglesia. El entrenamiento en MCI se ve de la siguiente manera:

Primer retiro de encuentro

Éstos son retiros espirituales regulares diseñados para asegurar que las personas que aceptan a Cristo han experimentado la vida cristiana. Durante el Encuentro, cada persona recibe enseñanza con-

centrada sobre la liberación del pecado, la vida santificada, y el bautismo del Espíritu Santo. Éste es el primer paso para llegar a ser un líder en MCI.

PRIMER SEMESTRE EN LA ESCUELA DE LIDERAZGO

Luego, el líder potencial asiste a C.A.F.E. 2000, o sea, Células de Asistencia Familiar y Evangelización. El material de entrenamiento da al líder potencial los principios fundamentales básicos para dirigir un grupo pequeño.[23] Estas reuniones de dirección y entrenamiento tienen lugar a lo largo de la semana. En octubre de 1996, aproximadamente 22 escuelas de entrenamiento de líderes tuvieron sesión todos los días con un promedio de 30 estudiantes por clase y un total de unos 5.000 estudiantes.

SEGUNDO RETIRO DE ENCUENTRO

Después de que el ministerio de jóvenes demostró la efectividad de un segundo Retiro de Encuentro, otras secciones de MCI también empezaron a requerir este próximo paso.[24] Este segundo retiro está diseñado para reforzar los compromisos hechos en el primer retiro y para implantar más principios en el líder potencial antes que él o ella comiencen el grupo celular.

SEGUNDO Y TERCER SEMESTRE DE LA ESCUELA DE LIDERAZGO

El meollo del entrenamiento de liderazgo celular dura tres meses, pero los niveles más profundos de entrenamiento se extienden a nueve meses. Durante este segundo y tercer semestre, hay enseñanza de nivel más profundo sobre las sectas falsas y las filosofías falsas, y sobre los valores principales de MCI. Para cuando los estudiantes entran en el segundo semestre, ya están dirigiendo un grupo celular. Esto le obliga al estudiante a que aprenda tanto teórica como prácticamente, lo que podría explicar el alto nivel de desgaste de la escuela. Es normal para la primera sesión trimestral empezar con 40 estudiantes, decae a 35 en el segundo trimestre, y acaba con sólo 22 en el último trimestre.

FLET

Si un líder desea niveles más profundos de entrenamiento más allá de estos cursos de nueve meses, se ofrece un curso excelente llamado FLET (Facultad Latinoamericana de Estudios Teológicos). Aunque no se da énfasis a FLET en MCI como un curso requerido para el entrenamiento de liderazgo continuado, da la oportunidad para que los líderes continúen su entrenamiento teológico.

CONSTRUYA UN EQUIPO DE DIRECCIÓN CELULAR

Hemos estado considerando la identificación y el crecimiento de los nuevos líderes. Muchas iglesias celulares llevan este proceso un paso más adelante, formándolos en un equipo de líderes –el núcleo de la célula–. El núcleo contiene el código genético para la duplicación, así que multiplicando el equipo de líderes asegura células hijas fuertes, continuadas. Los líderes de células exitosos se esfuerzan y edifican el equipo de líderes.[25]

A los líderes celulares en las ocho iglesias estudiadas se les preguntó: «¿Cuántos líderes auxiliares tiene usted en su grupo?» Las cuatro opciones eran de cero a tres o más. Del número total de personas que contestaron: 21 por ciento no tenía un líder auxiliar, 35 por ciento tenía uno, 17 por ciento tenía dos, y 29 por ciento tenía tres o más. Comparando el número de ayudantes con la multiplicación de las células muestra que los líderes de célula con tres o más líderes ayudantes duplican su capacidad de multiplicar el grupo celular. Cuando se comparó con las otras variables significativas en este estudio, este factor fue el que más ayudó a los líderes celulares a multiplicar su grupo varias veces.

La pregunta no obtuvo toda la información necesaria sobre el ministerio del equipo. Por ejemplo, algunos grupos celulares reconocen solamente un líder auxiliar mientras que llaman a los otros miembros del equipo por otros nombres diferentes (por ej., tesorero, líder de niños, discípulo, y miembros en general). Se recogió más información sobre el ministerio del equipo en las iglesias investigadas, sin embargo, está claro que construir un equipo es un enfoque crucial del líder de célula. Echemos una mirada más en profundidad a dos iglesias latinoamericanas celulares que están particularmente dedicadas en aplicar el modelo del equipo.

AMOR VIVIENTE

La Iglesia Amor Viviente en Tegucigalpa, Honduras, demuestra que el ministerio del equipo «vive y está bien» en la iglesia celular hoy día. Una nueva célula sólo puede nacer en Amor Viviente cuando un nuevo equipo está en su lugar. Noventa por ciento de los 800 grupos celulares allí tienen un equipo de líderes en lugar de los líderes únicos. Los nuevos miembros del equipo, o «misioneros» como se les llama normalmente, son cuidadosamente seleccionados, capacitados y enviados.

La mayoría de los nuevos equipos tienen tres miembros principales –el líder, el colaborador, el tesorero– y dos miembros más. Antes de la multiplicación de la célula, el nuevo líder (el líder colaborador en la célula madre) está activamente involucrado en el grupo madre, preparándose para dirigir la nueva célula. El nuevo tesorero ayuda a contar el dinero recogido en la célula y lo entrega a la iglesia todas las semanas.[26] Cualquier miembro del equipo de dirección, incluso los dos miembros adicionales, puede cumplir cualquier papel en la célula.

Cada equipo celular (ya sea en la célula madre o célula hija) se reúne aparte del grupo celular por lo menos una vez por mes para conversar sobre las estrategias. Después de cada culto de celebración, el equipo de líderes se reúne. Los supervisores y los equipos celulares se reúnen en lugares designados en la iglesia para orar, planificar, evaluar su progreso, y animarse los unos a los otros. Cada líder, desde los miembros en general (del equipo) hasta los pastores de distrito, es responsable de asistir.

ELIM

La Iglesia Elim en El Salvador también cree en el ministerio en equipo. El equipo consiste en el líder, el ayudante, el organizador, el tesorero, el secretario, el instructor de niños, y otros miembros en general. La meta primaria del líder de la célula es formar este equipo principal. La Iglesia Elim está convencida de que el éxito del grupo celular depende del núcleo.

Elim cree tan fuertemente en los ministerios en equipo que el equipo central (y algunos líderes potenciales) se encuentran para planificar, orar, soñar y actuar semanalmente. Después de un tiempo de edificación, los miembros del equipo planifican para la reunión celular normal del sábado a la noche. Ellos deciden quién visitará a los miembros que se han apartado, quién alcanzará a las personas nuevas, y quién orará por los que están en necesidad. Se prevé la multiplicación del grupo celular, y el nuevo equipo empieza a tomar forma.

Teniendo dos reuniones celulares separadas (una para planificar y otra para el avance para alcanzar a los nuevos) es la diferencia mayor entre el sistema celular en Elim y el de las otras iglesias celulares. Las células de Elim son de primera calidad, y la reunión metódica del equipo central (o núcleo) para planificar, orar y tener una visión del futuro parece ser un elemento clave.

NO LE TEMA AL FRACASO

No todos los grupos celulares ven surgir nuevos líderes y multiplicarse con éxito. No es el fin del mundo si una célula se disuelve, porque se aprenden principios importantes en el proceso. El líder celular y los miembros son animados a asistir a un grupo que esté mejor preparado para la tarea.

Los líderes exitosos aprenden de sus fracasos, y llegan a ser más fuertes como resultado de ello: «...para el líder exitoso, el fracaso es el trampolín de la esperanza».[27] Soichiro Honda, el fundador de Motores Honda, escribe:

> *«Muchas personas sueñan con el éxito. Para mí el éxito sólo puede ser logrado por medio de repetidos fracasos e introspección. Realmente, el éxito representa el 1 por ciento de su trabajo que resulta del 99 por ciento que se llama fracaso.»[28]*

En *Thriving on Chaos*, (Prosperando en el Caos), Tom Peters declara que las compañías deben promover el fracaso. Él aconseja a los ejecutivos a tener fiestas para «el Vestíbulo de Vergüenza», para dar premios a los que han fallado recientemente y para compartir libremente sobre sus propios fracasos.[29] Peters promueve el lema de «fracaso rápido»: «¡fracasa y sigue adelante!» Él piensa que la libertad para equivocarse da por resultado la innovación y el progreso.

Este principio tiene implicaciones grandes para la iglesia celular. Las necesidades que se acrecientan de continuo en la iglesia celular demanda que estén involucrados los líderes no ordenados. Después de todo, cada líder empieza en alguna parte. Algunos líderes fallarán y preferirán retirarse, y algunos grupos se disolverán. Esto es de esperarse. La mayoría de los líderes, sin embargo, aprenderán de sus errores, los corregirán, y seguirán adelante. Con el control y administración apropiados sobre los grupos celulares, la inmensa mayoría tiene éxito.

RESUMEN DEL CAPÍTULO

• Los creyentes deben ganar a los perdidos para Jesucristo. La urgencia de ganar hombres y mujeres perdidos para Jesucristo demanda que usemos a todos los creyentes que estén disponibles (p. 86).

• Efesios 4:11-12 enseña que los miembros de la iglesia deben *hacer* el trabajo del ministerio. La iglesia tradicional confía en ciertas personas con dones y preparación para ministrar. En la mayoría de las iglesias el 10% de los creyentes no ordenados hacen el 90% del trabajo (pp. 86-88).

• En la iglesia celular muchas más personas son movilizadas para servir. El ministerio de la iglesia celular está descentralizado porque muchos miembros usan sus dones para ministrar a otros (pág. 89).

• Los grupos celulares son un semillero de líderes porque facilitan el desarrollo de nuevos líderes. Los líderes de las células tienen un papel pastoral; ellos no son maestros de la Biblia (pp. 90-93).

• Los pasos para levantar nuevos líderes incluyen: orar por los nuevos líderes, involucrar a los nuevos líderes potenciales en las funciones de la célula, probar su fidelidad, consultar con los líderes superiores, aumentar la responsabilidad del ministerio en la célula y capacitar plenamente a los nuevos líderes (pp. 93-94).

PREGUNTAS PARA MEDITAR

• ¿Cómo se siente usted cuando considera que todos en su célula son líderes potenciales? ¿Cree usted que es posible? ¿Por qué o por qué no?

- En su opinión, ¿por qué hay tantas personas no ordenadas inactivas en la iglesia tradicional hoy? ¿Por qué piensa usted que algunas iglesias vacilan tanto para usar a las personas no ordenadas en el liderazgo de la célula?

- Repase las funciones pastorales de un líder de célula (en las pp. 98-99). ¿Hay alguno más importante que los otros? ¿Cuáles está practicando usted ahora mismo como un líder de célula? ¿Sobre cuáles necesita usted trabajar?

- En su opinión, ¿por qué es peligroso ver a los líderes de la célula como maestros de la Biblia? (pág. 96)

- ¿Qué ha hecho usted para levantar nuevos líderes en su célula? ¿En qué áreas siente usted que necesita trabajar más duro?

- Lea sobre la descentralización del ministerio (en la página 98). ¿Cómo se siente usted con respecto a este concepto? ¿Dónde encaja su iglesia con relación a este concepto?

PASAJES DE LA BIBLIA RELACIONADOS

- Lea 1 Pedro 4:7-11.

- Según estos versículos, ¿cómo debe afectar la urgencia de la segunda venida de Cristo (v.7) a nuestro estilo de vida?

- ¿Cómo puede aplicar usted el versículo 10 a su propia vida? ¿Al grupo celular?

- Lea 1 Corintios 3:5-11.

- Describa los varios papeles mencionados en estos versículos. ¿Cómo puede aplicar usted estos versículos a su papel como líder de célula?

Actividades prácticas

- En una escala de 1-10, tase el nivel de urgencia para buscar personas que no son cristianas en su grupo celular.

- Pida a todos en el grupo que anoten el porcentaje de personas no ordenadas que están involucradas ahora mismo en su iglesia. Después compare notas, pidiendo que algunos expliquen la razón de sus contestaciones. Discuta algunas maneras prácticas para aumentar la cantidad de personas no ordenadas involucradas en la iglesia.

- Entreviste a un líder de célula que ha multiplicado su grupo celular. Anote los principios de multiplicación celular que usted descubre.

- Medite en la premisa central del libro que cada persona es un líder potencial. Planifique los pasos específicos para usar a cada miembro de la célula en algún aspecto de la misma. Apunte el nivel de entrenamiento (pasos para la capacitación) de cada miembro de su célula. Anime a cada miembro a completar el entrenamiento para el liderazgo de una célula.

- Reflexione sobre la fidelidad y el compromiso de las personas en su célula. Reconozca a estas personas en la próxima reunión de la célula.

CAPÍTULO 7
ATRAIGA A LAS VISITAS

Los líderes exitosos sirven allegándose a otras personas, pero lo pueden realizar eficazmente sólo a través de su relación de vida con Dios. Jesús estableció el modelo para el orden bíblico de adorar primeramente a Dios, y luego viene el servicio. Después de una dura batalla en el desierto, Jesús profirió las palabras que ahuyentaron al diablo: «Vete, Satanás porque la Escritura dice: "Adora al Señor tu Dios, y sírvele sólo a Él"» (Mateo 4:10). Los líderes de célula eficaces saben que cualquier forma de servicio fluye naturalmente del tiempo pasado con el Dios viviente. A través de actos de servicio desinteresado, extendemos el amor del Padre a los miembros de la célula, a los visitantes, y a aquellos que no conocen a Jesús.

Mi esposa es una guía de célula exitosa cuyo grupo creció continuamente y de forma consistente. Celyce sabe que una de las claves para tener una reunión celular eficaz el viernes de tarde es realizar las llamadas telefónicas que ella hace, el jueves por la tarde. Ninguna llamada, nada pasa. La experiencia le ha enseñado que a menudo esa llamada adicional se traduce en un nuevo miembro o el retorno de alguien que no quiere comprometerse.

Como usted ya estará sospechando, la investigación demuestra una relación entre el número de visitantes a un grupo y el número de veces que un líder multiplica su célula. Cuanto mayor es el número de visitas, tanto más veces el líder multiplica el grupo. Sin embargo, cuando se comparó la relación entre las visitas de perso-

nas nuevas y la invitación por miembros del grupo, el número de visitantes en el grupo resulta ser secundario. Esto resalta la importancia de que el líder de la célula haga contacto con los visitantes enseguida, así como también que los miembros de la célula tomen la responsabilidad de un seguimiento.

LA VISITACIÓN A PERSONAS NUEVAS

A los líderes de los 700 grupos celulares encuestados se les preguntó cuántas veces por mes ellos tenían contacto con personas nuevas.[1] A cada líder se les dio cuatro opciones que iban de una a dos veces por mes a ocho o más veces por mes. Será suficiente decir que hay una relación directa entre las veces que el líder de célula tiene contacto con personas nuevas y su éxito en la multiplicación de su célula. Si los líderes tienen contacto con cinco a siete personas nuevas por mes, hay un 80 por ciento de posibilidades de multiplicar su grupo. Cuando los líderes visitan de una a tres personas por mes, las probabilidades bajan a 60 por ciento. Las estadísticas demuestran que los líderes que visitan ocho o más personas nuevas todos los meses multiplican la célula dos veces más que aquellos que visitan solamente una o dos personas nuevas por mes. Las estadísticas revelan lo siguiente: Trabaje duro, y verá los resultados.

LUIS SALAS

Usted ya tuvo oportunidad de conocer a Luis Salas, que multiplicó su célula original a 600 células en tan sólo dos años. Luis va en busca de líderes potenciales. Él visita a las personas nuevas. Colgado de su pizarra de boletines hay listas y más listas de «posibles contactos». Él medita en esos nombres de día y de noche. Él planifica de tener reuniones con ellos y finalmente se pone en comunicación con ellos. Los invita a ser miembros de una célula, y llegado el momento, líderes.

Luis pasa la mayor parte de su tiempo ahora hallando, entrenando, y colocando líderes. Pero esta misma búsqueda diligente caracterizó sus primeros días como líder de célula. Luis investiga todas las posibilidades, cada nuevo contacto. Él no espera por una oportunidad para llamar; él llama y simplemente abre la puerta.

MÓJATE LOS PIES

Ralph Neighbour Jr., es un practicante que puso su teoría a funcionar en un mundo perdido y doliente. Acostumbra llevar a sus estudiantes al bar más cercano para aprender cómo hacerse amigos de aquellos que están del otro lado. Uno puede conocer toda la teoría de la célula, pero sin embargo nunca alcanzar a los que están en el mundo.

Wendall Price, el finado presidente del Seminario de la Alianza Teológica en Nyack, Nueva York, es otro que practicó lo que predicaba. «¡Bájese de sus torres de marfil y visite a los que están en el mundo real!», decía en forma de desafío. No es de extrañarse que las iglesias crecían rápidamente bajo su ministerio. El estudio es importante, pero llega el momento cuando es necesario tener contacto con personas reales. De hecho, el estudio de los líderes celulares indica que el relacionamiento con otros tiene un impacto mayor en la multiplicación de la célula que el tiempo que un líder pasa en la preparación de la lección.

PRIORIDAD #1: LOS NUEVOS

Cuando el Centro de Oración Mundial Betania empezó a hacer la transición hacia el modelo celular hace cuatro años, nadie fue presionado para unirse a un grupo. Los pastores nunca insistieron que todos los miembros tuvieran que estar en un grupo. Más bien, la iglesia persiguió a las personas nuevas para ser los miembros de los grupos celulares. Ellos se concentraron en los que no tenían un trasfondo religioso. Pastor Larry Stockstill dice:

> «*En forma consistente enfocamos nuestra atención en los recién convertidos y las visitas: el sector de la iglesia con más crecimiento donde hay la menor resistencia al relacionamiento. Gradualmente, muchos de los que se resistían al principio han visto los beneficios de una relación celular y se están involucrando. Ahora cerca del 65% de la congregación asiste a una célula todas las semanas.*»[2]

El ideal en la iglesia celular es que todos asistan tanto a la célula como a la celebración. En realidad, habrá siempre un grupo de personas que sólo asisten a la celebración. Algunas de estas personas son visitantes; otros han asistido a la iglesia por un tiempo bastante largo. Algunos participarán en un grupo celular después de una invitación; otros requieren un empujón. Agresivamente invite a todas las personas en la celebración que asistan a una célula: «Me gustaría invitarle a mi grupo celular el viernes de noche a las 19 horas. Pienso que realmente le va a gustar. ¿Necesita que lo vayan a buscar?» Los líderes celulares no necesitan preocuparse por la competencia entre ellos. ¿No sería maravilloso si cinco líderes de células diferentes o colaboradores invitaran al mismo visitante?

Usted ha oído que «es difícil enseñar trucos nuevos a un perro viejo».Bien, es verdad en las iglesias también, así que no se desanime por la resistencia de algunos. Vaya en pos de los visitantes y los recién convertidos. Éstas son las personas que todavía tienen contacto con personas que no son cristianas para invitarlas a su grupo celular.

Después de analizar con cuidado las iglesias que crecen, Herb Miller llega a esta conclusión en su libro *The Magnetic Church* (La Iglesia Magnética):

> «*Ningún otro factor representa por sí solo una diferencia mayor para mejorar el aumento anual de miembros que una visita inmediata a la casa de los que asisten a la*

reunión por vez primera. ... Cuando las personas no ordenadas realizan visitas de quince minutos a las casas de los visitantes al culto dentro de las treinta y seis horas siguientes, el 85 por ciento de ellos vuelve a la semana siguiente. Visite estas casas dentro de las setenta y dos horas, y el 60 por ciento de ellos retornará. Hágalo después de siete días, y sólo un 15 por ciento retornará. Si el pastor hace estas visitas, en lugar de las personas no ordenadas, estos resultados se reducen a la mitad.[3]

Visitar enseguida a los que vienen por primera vez hace una enorme diferencia. Tome en cuenta cuánto más impacto hace la visita si viene de una persona no ordenada en lugar del pastor.

Líder de célula, si usted quiere que su célula crezca, se desarrolle, y multiplique, una de las claves es visitar inmediatamente a los que vienen por vez primera. Cuando alguien visita su grupo, planifique una inmediata visita de seguimiento, envíele una tarjeta a la persona, y/o levante el teléfono y hágale una llamada. El refrán, «A las personas no les interesa cuánto sabe usted, hasta que ellos saben cuánto se interesa usted por ellos» es verdad, así que interésese por las personas nuevas.

Las iglesias del estudio realizado han implementado algunos sistemas para que las personas nuevas no se «pierdan». Las tarjetas de los visitantes son recogidas en la iglesia y distribuidas a los varios grupos celulares que a su vez se ponen en contacto con ellos. Debido a esta manera organizada de alcanzar a otros, muchos visitantes asisten a una célula. Estas iglesias rastrean a los visitantes para asegurarse de que ellos reciben un seguimiento y cuidado apropiados.

En el Centro de Oración Mundial Betania, cualquier persona que recibe a Cristo o que visita el culto de celebración de la iglesia es saludada inmediatamente por un líder de una célula. Ese líder de la célula luego visita la casa de la persona con un pan de regalo. ¡Po-

ner en orden las tarjetas de los visitantes, distribuirlos a los líderes de célula, y visitar a las personas nuevas ocurre dentro de las 24 horas! Los líderes celulares oran por los visitantes y los invitan a asistir a la célula.

La iglesia Amor Viviente en Honduras recibe aproximadamente 110 visitantes que vienen por primera vez todos los meses. Algunos reciben a Cristo durante el culto de adoración; otros simplemente quieren observar la iglesia. Para cuidar mejor a estos visitantes, un equipo de bienvenida toma los nombres de ellos en una mesa afuera establecida para los visitantes. Esta información es procesada, y el líder de una célula es asignado para cuidar a la visita personalmente –¡para cuando termina el culto!–. Ya para el lunes, el líder celular llama o visita a la persona nueva e inicia un seguimiento de cuatro semanas. Un miembro (o líder) del grupo celular se reúne con la persona una vez por semana para cubrir una de las cuatro lecciones contenidas en "Su Nueva Vida en Cristo", un folleto que trata de la nueva identidad de la persona con Cristo, el crecimiento espiritual, y la importancia del grupo celular. La última página del folleto contiene un informe final del proceso de visitación. Desde enero de 1966 hasta setiembre del mismo año, ¡el 52 por ciento de los visitantes que vinieron por primera vez completaron el curso de seguimiento de cuatro semanas!

LA EXHORTACIÓN EN EL GRUPO CELULAR DE INVITAR A SUS AMIGOS

Pero los líderes de células no deben hacerlo todo ellos solos. La evangelización celular es un ministerio en equipo. Los líderes de las células que movilizan al grupo para ver la evangelización como la primera prioridad tienen éxito en la multiplicación celular. Dale Galloway escribe:

> «Aunque yo veo todos estos propósitos como igualmente importantes (su lista se compone de la evangeliza-

ción, el discipulado, el cuidado pastoral y el servicio), un sistema de pequeño grupo saludable deberá ver siempre la evangelización como una misión continua. Mantener la evangelización prosperando en los pequeños grupos, debe seguir empujando a las personas que salgan de sus lugares cómodos al animarles a llamar a otras personas nuevas, poniendo los nombres de nuevas posibilidades en sus manos, y manteniendo continuamente el mensaje de evangelización delante de ellos.»[4]

A los líderes de células en este estudio se les preguntó cuántas veces por mes ellos animaban a los miembros de sus células a invitar a sus amigos al grupo. Los líderes que en forma consistente animan a los miembros de la célula a traer a sus amigos multiplican sus grupos en una forma mucho más significativa que aquellos líderes que lo hacen sólo ocasionalmente. En realidad, los líderes que animan a los miembros de sus células semanalmente a invitar personas nuevas multiplican sus grupos dos veces más que aquellos que lo hacen ocasionalmente o no lo hacen. Para ser eficaces, los líderes celulares movilizan todo el equipo a invitar a las personas nuevas.

Un grupo en el Centro de Oración Mundial Betania se reunió fielmente todas las semanas pero tenía muy poco crecimiento. Uno de los miembros de la célula que había asistido previamente a un grupo que se había multiplicado analizó ambos grupos y entonces dijo: «En el otro grupo celular, teníamos un flujo constante de visitas». En ese momento, otra célula estaba celebrando el nacimiento de un nuevo grupo. El líder de la célula testificó que el grupo pasó por un periodo seco, difícil. Con sólo seis personas, el grupo hizo todas las «cosas correctas» para ganar a los no cristianos y recibir visitas, pero pocas visitas venían y menos aún se quedaban. Sin embargo, ellos siguieron intentando, orando, e invitando hasta que finalmente las cosas cuajaron. Varias personas más empezaron a asistir e invitaron a sus amigos. La mezcla se unió. En ese grupo,

cuatro personas habían venido a Cristo dentro de los últimos cuatro meses, y por lo menos tres de ellos habían venido a conocer a Cristo en el grupo celular.

Herb Miller resume la diferencia entre las iglesias que crecen y las iglesias que no crecen, en una palabra: «invite». Él dice:

> *«Entre 70 y 90 por ciento de las personas que se unen a cualquier iglesia en América vienen por la influencia de un amigo, de un pariente, o de un conocido. Una cantidad de conocimientos teológicos desde el púlpito no puede vencer la falta de invitación desde los bancos.»*[5]

Los líderes de la célula deben hacerles recordar constantemente a los miembros de la célula que inviten a sus amigos. Una guía de célula termina su reunión celular preguntando: «¿A quién va a invitar usted la próxima semana?» Entonces ella espera por las respuestas. «Mi madre», dice uno. «Mi hermano», dice otro.

Y no se sorprenda cuando las personas que prometen venir no se presentan. Es común oír a los líderes de la célula decir: «Yo preparé postre para cuatro personas que no aparecieron». Bienvenido al liderazgo celular. La mayoría de los líderes celulares están familiarizados con promesas bien intencionadas por contactos que dicen que vendrán de visita pero no cumplen con lo expresado. Richard Price y Pat Springer dicen sabiamente:

> *«Los líderes experimentados de grupos... se dan cuenta que por lo general hay que invitar a 25 personas para que 15 de ellas digan que van a asistir. De esas quince personas, generalmente sólo 8 o 10 personas vendrán realmente, y de éstas, sólo cinco o siete asistirán en forma normal después de aproximadamente un mes.»*[6]

Los líderes de células exitosos no dependen de uno o dos compromisos verbales. Y en lugar de desanimarse, invitan a todavía más personas. La visitación constante, las llamadas telefónicas repetidas, y el contacto con personas fuera del grupo resultará en las visitas que harán crecer su célula.

SU OIKOS

Por supuesto, las mejores personas para que los líderes o los miembros de las células inviten son sus amistades, compañeros de trabajo, compañeros de clase, vecinos y parientes. Ralph Neighbour Jr., ha hecho popular el término griego, *oikos*, ayudando a la iglesia a entender la importancia de alcanzar nuestra propia red de relaciones. Él escribe:

> «*La palabra (oikos) se encuentra repetidas veces en el Nuevo Testamento, y por lo general se traduce como "casa". Sin embargo, no se refiere solamente a los miembros de la familia. Todos nosotros tenemos un "grupo primario" de amistades que se relacionan con nosotros a través de la familia, del trabajo, de los entretenimientos, hobbies y vecinos. …Las personas nuevas se sienten muy 'afuera' cuando visita su grupo por primera vez, a menos que hayan establecido un contacto oikos con uno de ellos. Si no han establecido una amistad por alguno de los miembros, no se quedarán por mucho tiempo, o tratarán muy tenazmente de ser incluidos antes de volver a sus viejas amistades.*»[7]

La meta de cada célula es la de «rodear» tantos miembros de su *oikos* como sea posible. Las células penetran la sociedad a través de las amistades, familiares y conocidos de los miembros. Neighbour aconseja a las personas a encontrar aquellas relaciones de su «red» en «…su trabajo, su hogar, o en sus actividades deportivas o de entretenimiento… Cultivando una relación que ya existía, usted puede atraerles».[8]

En un nivel práctico, los que nos conocen aceptarán una invitación a asistir a una reunión celular más prontamente que los extraños. Anime a los miembros de la célula que amen, oren por, e inviten a sus amistades, parientes, compañeros de trabajo, compañeros de clase y vecinos.

David Yonggi Cho escribe:

> *«He hallado que la única manera definida de aumentar la membresía de la iglesia es a través del contacto personal, y ganando almas de una manera personal. Si usted conoce a la persona, es mejor. Ya que está relacionándose personalmente con sus vecinos, a través del sistema celular, es mucho más fácil de ganarles para la iglesia.»*[9]

SUGERENCIAS PRÁCTICAS

Una manera eficaz de abrir los corazones y atraer su *oikos* es a través de las reuniones sociales. Asados, eventos deportivos, retiros en una cabaña en las montañas, o comidas no son una amenaza, y tampoco son un medio eclesiástico, donde los no creyentes se pueden sentir cómodos.

Un líder celular en Ecuador reunió su grupo en una hacienda en las fiestas principales, o para un evento deportivo durante la semana. Los miembros de la célula invitaron a sus amigos y familia a estos tiempos de diversión, y eventualmente muchos se unieron al grupo celular. Para mantener la intimidad en el grupo y para seguir extendiéndose a otros, esta célula dio a luz otra célula, y el proceso de multiplicación continuó.

Parte del «relacionamiento interno» que caracteriza a las células sanas es pasar un tiempo juntos fuera de la reunión normal. Y, no es de sorprenderse, hay una relación muy estrecha entre el número de estas reuniones externas y el número de veces que los líderes de célula ven multiplicados sus grupos. Se les preguntó a los líderes de célula encuestados cuántas veces por mes se reunía su grupo para eventos sociales aparte de la reunión de grupo de célula normal. Sus respuestas: 27 por ciento, ninguna; 30 por ciento, una vez; 19 por ciento, dos o tres; 18 por ciento, cuatro o cinco; y 5 por ciento, seis o más veces. Los que se reúnen seis o más veces por mes para las reuniones sociales multiplican su grupo dos veces más que aquellos que nunca se reúnen, o sólo lo hacen una vez.

Aquí en esta área el estudio estadístico es muy claro. Divertirse juntos es algo magnético para los miembros celulares. Los líderes que unen a sus miembros de célula fuera de la reunión regular multiplican sus grupos más rápidamente. Esto parece ser una verdad obvia, pero requiere mucha planificación y oración.

Otra manera común de atraer a los no cristianos es de transformar de vez en cuando la reunión normal de la célula en un evento evangelístico. Estas reuniones que buscan sensibilizar a las personas están enfocadas hacia los no creyentes. Los miembros del grupo piensan como los no cristianos cuando hacen planes para romper el hielo, en la lección, en los refrescos, e incluso en la oración y tiempo del culto. El éxito del grupo celular que busca sensibilizar depende de que cada miembro invite a tantos amigos no cristianos como sea posible, seguido de mucha oración.

Intente también tener cenas evangelísticas, eventos sociales, asados, y fiestas. Jesús siempre estaba comiendo con las personas –a menudo en sus casas–. La iglesia primitiva compartía las comidas en el hogar. La comida, una atmósfera tranquila, y llegar a conocer a las personas nuevas, es una gran combinación. A los que no son creyentes les gusta las reuniones informales, libres, donde no son el centro de atención.

Muestre porciones de un vídeo secular y tenga después un tiempo de discusión. Una célula invitó a personas que no eran creyentes para mirar una parte de *La Lista de Schindler* (sobre el Holocausto judío). Después de 15 minutos de vídeo, el grupo compartió sobre el «significado de la vida» que se desprendía de la película en forma natural.

Moviendo la célula de casa en casa es otra manera excelente para atraer a las visitas. Cuando un miembro de la célula tiene la reunión en su casa, hay más posibilidades de que las amistades y la familia asistan. Después de todo, muchas de estas personas ya han visitado la casa, así que ya se ha eliminado una barrera –el miedo a lo desconocido.

En la próxima reunión de la célula, reparta tarjetas y pida a cada miembro que escriba los nombres de las personas que ellos podrían invitar al grupo. Luego pídales que oren por esas personas todos los días. En el Centro de Oración Mundial Betania, cada célula graba los nombres de las visitas posibles en una pequeña tabla blanca, y usa eso como una lista para la oración, desde que el pastor Larry Stockstill usó este método en una célula que él visitó.

El potencial para atraer a los visitantes a través del esfuerzo evangelístico especializado de la célula es enorme. Recuerde, sin embargo, que el pragmatismo es la clave. Haga aquello que funciona. La conclusión final es si el evento atrae a los visitantes realmente. En ese caso, use ese medio repetidamente hasta que pierda su eficacia. Luego pruebe otra cosa.

Además de crecer su grupo y el reino de Dios, los visitantes refrescan el ministerio de la célula. Sus preguntas iluminan las reuniones que de otra manera serían apagadas y aburridas. Ellos necesariamente no aportan respuestas «aceptables» o preguntas «corteses». Cierta vez una visitante a una célula hizo las preguntas más sinceras y de corazón acerca de sus luchas en el matrimonio. Los miembros de la célula respondieron inmediatamente a su necesidad con respuestas prácticas y bíblicas. La excitación de resolver las necesidades prácticas fluyó a través de ese grupo pequeño, y nadie tenía prisa para irse. Así es la vida de la célula. Su propósito es resolver las necesidades más profundas y suavizar las heridas y los dolores. Los visitantes recuerdan a los miembros de mucho tiempo de un mundo perdido, y que sufre. Las células eficaces hacen lo que es necesario para asegurar un flujo constante de visitantes; buscan a las personas nuevas y constantemente invitan a los que todavía no son cristianos.

RESUMEN DEL CAPÍTULO

- Los grupos celulares que frecuentemente reciben visitantes se multiplican más rápidamente (pág. 109).

- Los líderes de célula exitosos visitan a los recién venidos inmediatamente. La visita inmediata y personal a la casa de una persona nueva es una de las maneras más eficaces para asegurar que ésta volverá a la iglesia o célula (pp.110-114).

- Cuando se hace la transición al modelo celular, es sabio enfocar en las personas nuevas, en lugar de presionar a los miembros más viejos para que cambien (pp. 111-116).

- Las células e iglesias que crecen están constantemente invitando personas nuevas. Los líderes de célula exitosos exhortan a los miembros de la célula que inviten a los amigos íntimos, familia, y compañeros de trabajo a la reunión celular (pp. 117-121).

- Las sugerencias prácticas para atraer a las visitas incluyen la celebración de eventos sociales, la acción de células que son sensibles a la búsqueda de personas nuevas, moverse de casa en casa (para la reunión celular), y orar para que asistan los que no son cristianos (pp. 119-121).

PREGUNTAS PARA MEDITAR

- Repase los hallazgos de Herb Miller (pág. 112). ¿Ha encontrado usted personalmente que esto sea verdad? Comparta su experiencia. ¿Por qué piensa usted que es tan importante visitar a una persona nueva inmediatamente?

- Describa la última vez que un no cristiano visitó su célula En su opinión, ¿por qué asistió esa persona? ¿Cómo afecta la atmósfera de la célula la presencia de un no cristiano en el grupo de la célula?

- ¿Quién era la persona que lo llevó a Jesucristo? ¿Un miembro familiar? ¿Un amigo? ¿Por qué piensa usted que las relaciones son tan importantes para atraer a los visitantes y llevar las personas a Jesucristo?

- ¿Alguien ha aceptado a Cristo en su grupo celular? Comparta la experiencia. Describa el efecto que un nuevo creyente tiene sobre la atmósfera de un grupo celular.

PASAJE DE LA BIBLIA RELACIONADO

- Lea Juan 4:39-42.

- La mujer de Samaria testificó primero a los de su propio pueblo (probablemente los amigos y familia). ¿Cómo han sido influenciadas las personas por su testimonio? Dé ejemplos.

ACTIVIDADES PRÁCTICAS

- En una escala de 1-10, tase el interés de su célula de invitar a las personas nuevas (1 = el interés más bajo, 10= el interés más alto).

- Reparta tarjetas del índice a los miembros de su grupo celular. Pídale a cada persona que escriba los nombres de tres amigos o parientes *oikos* que no son creyentes. Durante los próximos tres meses, ore en la célula por estas personas. Ore que ellos puedan asistir al grupo celular.

- Planifique una actividad especial en el grupo celular, con el propósito específico de invitar a las personas que figuran en las tarjetas. Anote dos actividades que han funcionado en su grupo celular para atraer a los que no son creyentes.

• Muestre una parte de un vídeo muy conocido que puede interesar a los que no son creyentes y discuta las verdades espirituales.

• Planifique una cena con la meta de atraer a los que no son creyentes.

• Planifique un evento deportivo o un picnic el sábado con la meta de invitar personas nuevas (visitas).

• Pregúnteles a los miembros del grupo si les gustaría recibir el grupo celular en su casa, y rotar de casa en casa.

• Ponga una silla vacía en medio de la célula. Pídales a dos personas que oren por el próximo invitado que se sentará en esa silla.

CAPÍTULO 8
EXTENDIÉNDOSE A OTROS COMO UN EQUIPO

Lucas 5:1-11 es la historia sobre Jesús y una gran captura de pescados. Los discípulos habían pescado toda la noche y no habían recogido nada. Pero cuando Jesús les mandó, ellos tiraron otra vez las redes al mar. Leemos en los versos 6 y 7: «Cuando lo hicieron, recogieron tanto pescado que las redes se rompían. Entonces hicieron señas a sus compañeros de la otra barca, para que fueran a ayudarlos. Ellos fueron, y llenaron tanto las dos barcas que les faltaban poco para hundirse».

COMPAÑERISMO EN LA EVANGELIZACIÓN EN GRUPO

En el versículo 11, el sustantivo griego *koinonía* se usa para calificar a los compañeros. Nosotros normalmente pensamos en la comunión *koinonía* en un sentido estático, pero aquí se usa de una manera activa. El compañerismo *koinonía* tuvo lugar mientras los discípulos arrastraban juntos la captura grande de pescados. Como cristianos, somos pescadores de hombres. En el ministerio celular, el mejor compañerismo ocurre en el proceso de evangelizar.

La expansión del grupo es el latido del corazón del ministerio celular. Bill Mangham, mi socio íntimo en Ecuador, a menudo experimentaba esta clase de compañerismo *koinonía* en sus células. El grupo entero planeaba eventos de expansión (para alcanzar a otros) en forma constante. Cierta vez usaron la historia de Zaqueo, el cobrador de impuestos que Jesús transformó (Lucas 19:1-10), para la lección de la célula. Todos ayudaron a planificar la reunión de la

célula: uno trajo refrescos; otro preparó el tiempo de rompimiento de hielo; la esposa de Bill, Ana, se ocupó de la casa y proveyó algunos alimentos; todos en el grupo oraron por sus relaciones *oikos* (familia, amigos, trabajo, socios) y entonces activamente invitaron a aquellos que Jesús les trajo a la mente. Cuatro personas no creyentes asistieron al grupo por primera vez esa noche. La célula se extendió a los que vinieron por primera vez y los hizo sentirse como parte de la familia. Después de la lección, Bill invitó a todos a tener un encuentro con Jesús en la tranquilidad de sus propios corazones. Nadie sabía quién había aceptado a Jesús hasta el tiempo del refrigerio después. René, un miembro de la célula, le preguntó a la pareja que él invitó sobre lo que ellos pensaban de la lección. Ellos le dijeron que habían aceptado a Jesús durante el tiempo de la oración. Jesús transformó a esta pareja. Ellos llegaron a ser miembros fieles del grupo celular y luego empezaron a asistir al culto de celebración también.

Lo que pasó en el grupo de la célula de Bill Mangham no es exclusivo. Todavía la mayor parte del entrenamiento para la evangelización en los Estados Unidos se concentra en el individuo. Los individuos reciben la instrucción de cómo compartir el evangelio en el trabajo, en la casa, o en la escuela. Los individuos experimentan las alegrías de ganar a las personas para Cristo y la agonía del rechazo.

En contraste, la evangelización de la célula es una experiencia compartida. Todos están involucrados –desde la persona que invita, hasta el que proporciona el refrigerio y al que lleva adelante la discusión–. El equipo planifica, traza estrategias, y halla a los nuevos contactos juntos. Dale Galloway escribe: «Una vez que la lista (de invitados) se elabora, el equipo empieza a orar por la lista, y luego a trabajar con él –haciendo llamadas telefónicas y visitas a las casas–. Esta responsabilidad puede compartirse con otros en el pequeño grupo».[1]

Cada miembro es entrenado para compartir su fe, y luego los grupos celulares trabajan juntos para arrastrar la captura grande de pescados. La meta claramente definida del grupo es la de crecer hasta el punto de la multiplicación.

Imagínese a los soldados que luchan juntos en una batalla, con la meta común de conquistar al enemigo. Aunque el enfoque claro es el de derrotar al enemigo y ganar la guerra, ocurre un íntimo compañerismo en el proceso. Todos hemos oído historias sobre los vínculos duraderos de amistad entre los veteranos militares. Quizás es porque en situaciones de vida o muerte, se desarrolla una dependencia mutua que resulta en un compañerismo cercano y duradero. Mientras los miembros de la célula se unen para luchar contra las fuerzas malignas de este mundo y alcanzar a los perdidos para Cristo, se desarrolla un compañerismo cercano e íntimo.

David Yonggi Cho dice que sólo aquellos que tienen el don de evangelización pueden dirigir un grupo celular con éxito.[2] Esto sólo sería verdad si el líder de la célula fuera personalmente responsable de traer a todos los miembros nuevos al grupo celular. La Investigación en estas ocho grandes iglesias celulares demuestra que el crecimiento exitoso de la célula es una experiencia del equipo. El líder moviliza las tropas para hacer el trabajo del ministerio (Efesios 4:12). Michael C. Mack se refiere a este esfuerzo del equipo en su libro *The Synergy Church* (La Iglesia Sinérgica: Nota del Traductor: Sinergia es el concurso de varios órganos para realizar una función). Él escribe:

> *«La sinergia del pequeño grupo es un factor especialmente positivo en la testificación del grupo. La evangelización es mejor cuando es un esfuerzo del equipo, no de un individuo. Los variados dones de los miembros permiten que el grupo alcance a las personas perdidas de una manera que ningún individuo podría hacerlo.*

Cuando todos los miembros se ven como testigos dondequiera estén –en las oficinas, fábricas, barrios, colegios, hospitales, almacenes– todo el grupo puede tener un tremendo impacto, especialmente cuando cada miembro está orando por, y animando a, todos los demás.»[3]

Como dijimos antes, el estudio de los líderes celulares no identificó ningún don espiritual en particular entre aquellos líderes que multiplican su grupo. Ellos operan en el área de su propio don, pero saben cómo aprovechar y unificar los dones de todos en el grupo para hacer el trabajo del ministerio.

LA PESCA DE REDES VERSUS LA PESCA CON ANZUELO

Las herramientas del pescador –la red y la caña de pescar– ilustran mejor la evangelización del pequeño grupo. La evangelización del grupo celular usa la red para pescar. En todo el sentido de la palabra, es una evangelización *en grupo*. Todos participan. Larry Stockstill del Centro de Oración Mundial Betania lo describe de esta manera:

> *«El viejo paradigma del "anzuelo de pesca" se está reemplazando por los equipos de creyentes que han entrado en un compañerismo ("comunidad") con el propósito de ganar almas juntos… Jesús usó el "compañerismo" de la pesca con redes para ilustrar el mayor principio de la evangelización: nuestra productividad es mayor juntos que solos.»[4]*

Del mismo modo, Cho atribuye el crecimiento de su iglesia de 700.000+ a la pesca con redes que ocurre en los grupos celulares.[5] Él destaca su metodología de la evangelización por medio de los grupos celulares, diciendo:

Nuestro sistema de grupos celulares es una red para que echen los creyentes de nuestra iglesia. En lugar de tener el pastor que pescar un pescado a la vez, los creyentes organizados forman redes para reunir cientos y miles de pescados. Un pastor nunca debe intentar pescar con una caña, sino que debe organizar a los creyentes en "redes" de un sistema celular.»[6]

Aunque uno podría no estar de acuerdo con todo lo que David Cho dice y hace, el hecho que él tiene 700.000+ miembros en su iglesia mueve a que todos aquellos que están interesados en el crecimiento de la iglesia escuchen con atención. La evangelización y el discipulado eficaces a través de los grupos celulares no son sólo una posibilidad; son una seria realidad.

EVANGELIZACIÓN EN GRUPO A TRAVÉS DE LA EDIFICACIÓN

Cristo les dijo a sus discípulos que su amor atraería el mundo a Él. Más que únicamente una oración de unidad, la oración de Cristo por Sus discípulos en Juan 17 es un llamado a la evangelización. Jesús dice:

«No te ruego solamente por éstos, sino también por los que después han de creer en mí al oír el mensaje de ellos. Te pido que todos ellos estén completamente unidos, que sean una sola cosa en unión con nosotros, oh Padre, así como tú estás en mí y yo estoy en ti. Que estén completamente unidos, para que el mundo crea que tú me enviaste. Yo en ellos y tú en mí, para que lleguen a ser perfectamente uno, y que así el mundo pueda darse cuenta de que tú me enviaste, y que los amas tanto como me amas a mí (versos 20-21,23).»

Para muchos, la unidad y la evangelización se mezclan tan bien como el aceite y el agua. Parecen ser opuestos que se repelen entre

sí. Cristo nos dice, sin embargo, que la unidad entre los creyentes atrae a los que no son creyentes, a Dios. Pedro escribe, «Haya sobre todo mucho amor entre ustedes, porque el amor perdona muchos pecados» (1 Pedro 4:3). El adjetivo «mucho» en este verso literalmente significa «estirar». Denota la actividad del músculo tenso de un atleta en medio de una carrera. Mientras los creyentes extienden su amor, aceptación y perdón a los otros miembros de la célula, el mundo ve y entonces cree que Jesucristo vive. Varios veteranos del equipo del ministerio de los pequeños grupos se reúnen para escribir:

> «Y ése es el propósito de todo esto –de cuidarnos los unos a los otros–... para que el mundo sepa que Jesucristo es el Señor. Por eso la iglesia existe en primer lugar. La última meta del grupo pequeño es la de exponer a las personas que no conocen a Jesucristo, a Su amor. Nosotros tenemos grupos pequeños para que el mundo pueda ver a Cristo encarnado en nosotros. Es nuestra manera de llevar a Cristo al mundo.»[7]

LA EVANGELIZACIÓN DEL GRUPO A TRAVÉS DE LA AMISTAD

Pocas personas no cristianas entran en una comunidad de la iglesia sin ayuda alguna. Ellos no se despiertan simplemente un domingo y deciden asistir a la iglesia. Los que reciben este tipo de «sacudón» para asistir a la iglesia por lo general no se quedan, porque no tienen amigos en la iglesia. Los estudios sobre el crecimiento de la iglesia revelan que la amistad es uno de los eslabones importantes para un crecimiento sostenido de la iglesia. Win Arn sugiere que una persona debe desarrollar por lo menos seis amistades importantes en una iglesia para seguir asistiendo.[8]

La iglesia celular está en una posición especial para proporcionar esas amistades. La célula se vuelve una segunda familia para muchos. En la célula, estas relaciones familiares se establecen a menudo antes de que el no creyente asista al culto grande de celebración de la iglesia. Dale Galloway escribe: «Muchas personas que no asistirían a una iglesia porque es una amenaza demasiado grande, vendrían a una reunión casera».[9] Luego estos mismos no cristianos entrarán a la iglesia al lado de un amigo que ellos han encontrado en el grupo celular. Cho escribe:

> *«Yo les digo a mis líderes de célula, "no les diga enseguida a las personas sobre Jesucristo cuando usted se encuentra con ellos. Primero visítelos y sea su amigo, supla sus necesidades y ámelos. Enseguida los vecinos sentirán el amor cristiano y dirán, '¿Por qué está haciendo usted esto?'" Ellos pueden contestar, 'Nosotros pertenecemos a la Iglesia del Evangelio Completo Yoido, y tenemos nuestro propio grupo celular aquí, y nosotros le amamos. ¿Por qué no viene usted y asiste a una de nuestras reuniones?' Así ellos vienen y se convierten."»[10]*

El ministerio celular une eficazmente la decisión de seguir a Cristo con el discipulado. Un sistema de seguimiento «integrado» ya está funcionando a través de las células. Los que se convierten en la célula entrarán en la iglesia más grande con nuevos miembros de la familia.

Evangelización del grupo
a través de la honesta transparencia

¿Cómo le presenta usted naturalmente el evangelio a uno que no es cristiano? ¿Por qué, como creyentes, podemos hablar de los deportes, política, el trabajo y la familia con muchos detalles, pero quedamos helados cuando hablamos sobre nuestra fe? Aunque muchos de nosotros hemos memorizado diversas maneras de presentar el evangelio, a éstos les falta a menudo el eslabón natural para llegar al corazón del que no es creyente. La evangelización del pequeño grupo proporciona este eslabón perdido.

Richard Peace, profesor de evangelización en el Seminario Teológico Fuller, escribió un libro titulado *Small Group Evangelism* (La Evangelización del Grupo Pequeño), que recientemente se ha reimpreso.[11] Peace cree que un no cristiano puede manifestar sus necesidades profundas y personales y puede encontrar el toque sanador de Cristo en un grupo pequeño. Él escribe:

> *«En un pequeño grupo exitoso, el amor, la aceptación y la comunión fluyen en una medida inusual. Esta es la situación ideal para oír acerca del reino de Dios. En este contexto, "los hechos del evangelio" no llegan como una proposición fría, sino como verdades vivas y visibles en las vidas de otros. En esta atmósfera, una persona es atraída irresistiblemente a Cristo por su graciosa presencia.»[12]*

Como lo señala Peace, la evangelización en el grupo pequeño es un proceso natural. Los no cristianos pueden hacer preguntas, compartir sus dudas, y conversar sobre su propia vida espiritual. Entretanto, los miembros de la célula que reflejan a Cristo comparten sus testimonios mientras presentan un mensaje del evangelio claro y no comprometedor. Peace nota lo siguiente: «Nuestra falta de honradez es probablemente el mayor estorbo para un fácil y natural testimonio en nuestras conversaciones».[13] La honestidad y la transparencia abundan en un grupo celular sano.

Cada miembro de célula debe recibir entrenamiento sobre cómo presentar las verdades eternas del evangelio. Pero la evangelización en un grupo pequeño no enfatiza un tratamiento enlatado y memorizado del tema. El evangelio no es predicado, sino compartido de una manera amable y natural.

Recuerde que el modelo del grupo celular de Wesley, la reunión de clase, no era un evento muy organizado. Aunque ellos sólo se reunían por una hora, el evento principal era «informando acerca de su alma».[14] La reunión se construyó sobre la base de compartir las experiencias personales de la última semana. De todos se esperaba que «... hablen libre y sencillamente sobre todos los temas desde sus propias tentaciones hasta los planes para establecer una nueva reunión casera o la visitación a los afligidos».[15] En otras palabras, estos grupos enfatizaban la transparencia. Dentro de este marco de un «compartir abiertamente» muchos se convirtieron. Los corazones de los pecadores se derretían mientras interactuaban con los «pecadores salvados» Jesucristo hizo toda la diferencia.

Un compartir transparente, el amor, y la aceptación revelan a los no cristianos que los creyentes de hecho no son perfectos –sólo perdonados–. Una de las tácticas principales de Satanás es el engaño legalista, tratando de convencer a las personas que Dios requiere un nivel de vida inalcanzable y que sólo las personas «buenas» van al cielo. La evangelización del pequeño grupo corrige ese concepto erróneo. Compartir abiertamente les da a los incrédulos un nuevo sentido de esperanza al comprender que los cristianos también tienen sus debilidades y luchas. La diferencia es que los cristianos ponen su pecado y luchas al pie de la cruz de Jesús.

Guiando al grupo a niveles más profundos de comunicación

El líder debe compartir sus luchas personales. Si el líder es propenso para impresionar a los demás contando sólo de «sus victorias», los miembros de la célula harán lo mismo. David Hocking exhorta a los líderes del grupo a «aprender a admitir sus errores en la presencia del grupo y de disculparse sinceramente cuando las cosas salen mal o no salen de la manera que usted esperaba. Admitir las fallas en medio del éxito es una clave para un buen liderazgo. Aprenda a ser abierto y honesto ante los demás. Ellos lo amarán por ello (¡o por lo menos se caerán hacia atrás del susto!)».[16]

El líder de la célula debe formar una buena capacidad para escuchar. Stephen Covey señala una falla común cuando dice que la mayoría de las personas no escucha para entender; escucha para contestar. Mientras uno está hablando, el otro está preparando una contestación.[17] Los miembros saben si el líder no está escuchando cuando él o ella están pasando las hojas de sus notas en preparación para la próxima pregunta, mientras un miembro de la célula contesta la última pregunta que hizo el líder. Cuando los miembros sienten que el líder no está escuchando, ellos dudarán la próxima vez si deben compartir abiertamente.

Evite la crítica cuando alguien comparte una verdad personal. Si el líder de la célula critica una contestación, otros serán más vacilantes para responder. Siempre hay una manera de responder positivamente, aunque la respuesta de alguien está equivocada.

La reunión no tiene que ser «orientada hacia los sentimientos», pero es necesario que la comunicación sea abierta y honesta. Durante el tiempo de la celebración de la iglesia, está bien ser anónimo y perderse entre la multitud, porque la comunicación cercana en la célula le pone una «cara» a esa persona perdida entre la muchedumbre y abre la puerta para el ministerio individual. No está bien, sin embargo, intentar permanecer perdido en el grupo pequeño. Al principio, compartir en el grupo podría ser sobre el tiempo o el deporte. Con el paso del tiempo, sin embargo, el líder de la célula dirige la conversación a otros niveles más profundos. Judy Hamlin bosqueja los varios niveles de comunicación de esta manera:

1. Nivel Uno: Clima, familia,

2. Nivel Dos: Información o hechos

3. Nivel Tres: Ideas y opiniones

4. Nivel Cuatro: Sentimientos

5. Nivel Cinco: Compartiendo lo que está pasando de verdad en nuestras vidas

Ella entonces da la ilustración siguiente en cuanto a la progresión natural en la comunicación, de lo superficial a lo íntimo.[18]

El grupo celular es una manera eficaz de llegar profundamente al corazón de los hombres y mujeres no creyentes. Es la evangelización que se toma y se enseña. Es la evangelización de mostrar y contar, en lugar de compartir únicamente las verdades de manera teórica. La Iglesia del Nuevo Testamento nació, creció y prosperó en y a través de la evangelización del pequeño grupo. Dios está llamando a Su Iglesia una vez más a este método excitante de evangelización. Junto con el compartir honesto y abierto, los grupos pequeños deben alcanzar activamente a la comunidad alrededor de ellos. Miremos algunos ejemplos de cómo las células alcanzan sus comunidades activa y agresivamente a través de la evangelización activa del grupo.

NIVEL I	NIVEL II	NIVEL III & IV	NIVEL V
María: Hola Rebeca: ¿Cómo Estaba el tiempo En Florida? Rebeca: La mayor parte del tiempo Era maravilloso. María: Usted debe haber pasado un tiempo maravilloso.	Rebeca: Sí, es verdad, pero usted sabe que yo estaba pensando sobre el hambre en Etiopía, y realmente me ha hecho pensar sobre los problemas serios en el mundo. ¿Piensa mucho usted sobre el hecho que tantas personas mueren por falta de comida?	María: Sí, para mí es una situación muy triste. Cuando veo todas la personas con hambre en la televisión, realmente me da tristeza. Sobre todo porque nosotros no hacemos más para cambiar la situación.	Rebeca: Para mí, el hambre no es algo que yo simplemente veo en la televisión. Mi hermana se volvió anoréxica. El mes pasado ella murió.

Tabla 4. Los Niveles de la Comunicación

IGLESIA AMOR VIVIENTE

Esta iglesia celular en Honduras trabaja al nivel de la zona para planificar las actividades evangelísticas, y todas las células en la zona participan. La zona podría presentar una película cristiana, un orador especial, o algún otro tipo de evangelización, dependiendo de la zona particular. Las películas cristianas y la evangelización de puerta en puerta son populares en las partes más pobres de Tegucigalpa, mientras que las zonas de mayores ingresos exigen métodos más creativos.

Todas las células son alentadas a alcanzar su barrio para los eventos al nivel zonal, y para las ocasiones especiales que la propia célula patrocina. Algunos grupos podrían crear tarjetas especiales que invitan a las madres del barrio a la celebración del Día de la Madre. O la célula podría planear una cena especial e invitar a los que viven en el barrio. Otra favorita de Amor Viviente es la actividad de ofrecer canciones al aire libre y después una predicación.

La evangelización del grupo se intensifica antes del nacimiento de una nueva célula y tiene como blanco la zona en que el nuevo grupo se va a reunir. El nuevo equipo de dirección, los miembros del grupo que le dio nacimiento, y el supervisor del área, evangelizan el barrio juntos.

IGLESIA BAUTISTA COMUNIDAD DE FE

Dos verdades fundamentales constituyen el «manifiesto de la célula» en la Iglesia Bautista Comunidad de Fe en Singapur –el ministerio de los unos a los otros, y la multiplicación–.[19] Los miembros de la célula son recordados constantemente de alcanzar su *oikos* –su red extendida de relaciones cercanas–. Las células son animadas a celebrar un evento social cada seis semanas para atraer a los que no son cristianos.

El empuje evangelístico comúnmente ocurre a través de los así llamados «eventos de cosecha». Solían suceder únicamente en las reuniones grandes de celebración de IBCF, pero los eventos de cosecha también tienen lugar ahora dentro de la célula. «TGIF» («gracias a Dios es viernes») es una actividad de evangelización del Viernes Santo cuyo propósito es enfocar cada célula para invitar a los amigos no cristianos a una reunión cuidadosamente planificada, y que busca sensibilizarles. Se sirve la comunión, y se muestra una parte de la película *Jesús*. Otro evento de cosecha dentro de la célula es "«¡Venga a Celebrar la Navidad!» y tiene lugar en Nochebuena o en el mismo Día de Navidad. Se tiene también un evento de cosecha, al estilo de una gran celebración, en agosto, que normalmente es un concierto de música. A través de eventos como éstos, IBCF cosechó una mies de casi 3.000 almas en 1996.

EL MODELO DE RALPH NEIGHBOUR

Los materiales de Ralph Neighbour Jr., enseñan a los grupos celulares a distinguir entre el «Tipo A» de incrédulos que son bastante abiertos a la fe cristiana, del «Tipo B», que son los incrédulos que «… no están buscando a Jesucristo, y no muestran interés en el estudio de la Biblia u otras actividades cristianas».[20] Para los incrédulos «Tipo B», Neighbour diseñó un «estilo de grupo no cristiano» llamados Grupos para Compartir. Éstos no reemplazan el grupo celular, sino que sirven como una extensión del mismo. Los creyentes que participan en los Grupos para Compartir tienen la doble responsabilidad de asistir a su grupo celular normal como también al Grupo para Compartir. Neighbour escribe: «Este grupo debe ser libre, informal, y espontáneo. … Es importante que todos los miembros del Grupo para Compartir sientan que pueden ser ellos mismos».[21] Los Grupos para Compartir permiten que los grupos celulares alcancen a los incrédulos duros que todavía no están abiertos al evangelio pero que están abiertos a las amistades.

ALGUNAS IDEAS PROBADAS
PARA LA EVANGELIZACIÓN EN GRUPO

• Planifique una «cena de amistad» en lugar de la reunión normal de la célula e invite a sus amigos que no son creyentes.

• Durante una reunión de la célula, mire un vídeo evangelístico en lugar de tener una lección basada en la Biblia.

• Ponga una silla vacía en la reunión celular y pida que los miembros oren por la próxima persona que se sentará allí.

• Prepare un esfuerzo especial de evangelización a un sector de la sociedad, como por ejemplo, los oficiales de la policía o maestros (El Centro de Oración Mundial Betania usa este método con gran éxito).

• Planee un picnic con el propósito de invitar a los amigos.

• Planee algunos *sketches* cortos para la evangelización al aire libre.

• Haga que los miembros del grupo se disfracen como payasos para atraer a una multitud mientras otros comparten a Cristo.

RESUMEN DEL CAPÍTULO

- La comunión íntima *(koinonia)* ocurre entre los miembros del grupo en el proceso de alcanzar a los que no son creyentes (pág. 127).

- La mayoría de los programas de evangelización dan énfasis a la evangelización individual (como la pesca con un anzuelo) – en lugar de la evangelización en un grupo– (como la pesca con una red). En contraste, la evangelización en un grupo pequeño es una experiencia compartida en la cual todo el grupo se esfuerza por alcanzar a los que no son creyentes todavía (pp. 128-131).

- Los grupos pequeños atraen a los que no son cristianos por la unidad y el amor entre los miembros de la célula (pp. 131-135).

- La mayoría de los que no son cristianos no asistirá a la iglesia sin desarrollar primero la amistad con los creyentes de la iglesia. El grupo celular es un lugar excelente para que los que no son creyentes desarrollen su amistad con otros antes de asistir al culto de la celebración (pp. 132-133).

- Compartir en una forma transparente en el grupo es a menudo la mejor herramienta evangelística para alcanzar a los que no son creyentes. En este contexto, éstos entienden que los creyentes no son perfectos –solamente perdonados (pp. 133-135).

PREGUNTAS PARA MEDITAR

- Revise la diferencia entre la evangelización de un grupo pequeño y la evangelización personal «uno por uno» (pp. 128-129).

LA EXPLOSIÓN DE LOS GRUPOS CELULARES EN LOS HOGARES

¿Qué tipo de evangelización ha encontrado usted que sea la más eficaz? Dé ejemplos personales.

• Describa lo que su grupo pequeño ha hecho en los últimos seis meses para alcanzar a los que no son creyentes.

• Describa la atmósfera y el nivel de relaciones entre los miembros de su célula. ¿Es atractivo para los que no son creyentes? ¿Por qué o por qué no?

Pasaje de la Biblia relacionado

• Lea Hechos 8:1, 4 y Hechos 5:42.

• Algunas iglesias se concentran en atraer a los que no son creyentes al edificio de la iglesia. Las iglesias celulares buscan evangelizar de casa en casa. En su propia experiencia ¿qué es lo que resulta más eficaz? ¿Por qué?

Actividades prácticas

• Pida a cada miembro de su grupo celular que describa en una escala de 1-10 el nivel de transparencia del grupo (1=menor nivel de transparencia; 10=mayor nivel de transparencia). Si el nivel es bajo, pida a los miembros que escriban las razones por las qué hay falta de franqueza.

• Anote las ventajas y desventajas de la evangelización individual. Haga lo mismo para la evangelización en un grupo. Comparta sus descubrimientos con su célula.

• Lea el ejemplo del grupo celular de Bill Mangham (en las páginas). Reúnase separadamente con cada miembro de su célula para planificar una evangelización en grupo. Determine cómo cada miembro podrá participar en la reunión de evangelización.

CAPÍTULO 9
EVANGELICE DANDO SOLUCIONES

E n el período del Nuevo Testamento, Pedro escribe a las iglesias en las casas: «Haya sobre todo mucho amor entre ustedes, porque el amor perdona muchos pecados. Recíbanse unos a otros en sus casas, sin murmurar de nadie». (1 Pedro 4:8-9). La hospitalidad era un rasgo esencial en la Iglesia primitiva (Mateo 25:35; Romanos 12:13,16; 3-5a; 1 Tesalonicenses 3:2). Ya que no había ningún edificio para la iglesia, los hogares cristianos se convirtieron en la iglesia local –y, a menudo, en la posada local–. Los predicadores y misioneros itinerantes se quedaban en las casas de los creyentes. «Priscilla y Aquila acostumbraban extender la hospitalidad de su casa a dichos grupos en las ciudades sucesivas donde ellos vivieron –por ejemplo, en Éfeso (1 Corintios 16:19) y Roma (Romanos 16:5).»[1]

La hospitalidad del Nuevo Testamento en el contexto de la casa es una herramienta evangelística que a menudo es pasada por alto. Satisfacer las necesidades de las personas en el contexto de la célula de la casa edifica moralmente a los santos y atrae a los que no son cristianos al Salvador. La mayoría de los que no son cristianos primeramente «oirán» nuestras acciones antes de escuchar nuestras palabras.

Tome, por ejemplo, la historia de una mujer embarazada, soltera llamada María que empezó por asistir al grupo celular de mi esposa en Ecuador. El novio de María la había abandonado, y ella de repente tuvo que enfrentar la vida en pobreza y soledad. El grupo de la

célula se volvió una familia para ella, y se prepararon para recibir al bebé como si fuera de ellos. Ellos incluso le hicieron a María una lluvia de regalos para el bebé en una de las reuniones de la célula. Cuando María comenzó con el trabajo de parto, un miembro de la célula la condujo al hospital. Otro la llevó a ella y al bebé a la casa, y los miembros de la célula proporcionaron las comidas para ella durante más de una semana.

María experimentó el amor incondicional de Dios a través del grupo. Ella deseaba tener al Salvador aun antes que el evangelio le fuese presentado a ella formalmente. Recibir a Cristo era una decisión lógica para María, ya que el amor de Dios le había sido mostrado a ella de varias maneras muy prácticas justamente cuando ella más lo necesitaba. Ella y su bebé asistieron al grupo celular durante las semanas siguientes, y María recibió a Jesucristo como su Señor y Salvador.

David Cho es rápido en señalar que «satisfacer las necesidades prácticas» es la razón del éxito indiscutible de su iglesia en atraer gente nueva. Los líderes de célula y los miembros son exhortados a «encontrar una necesidad y darle una solución».[2] Se instruye a los miembros de la célula que vayan por "«las carreteras y por los caminos apartados» e inviten a todos los que están necesitados. Después de todo, éstas son las personas que se benefician más del grupo celular. En una entrevista en 1993 con Carl George, Cho explicó su estrategia para ganar a los perdidos por este medio de satisfacer las necesidades prácticas:

> «...cada grupo amará a dos personas para venir a Cristo dentro del siguiente año. Ellos escogen a alguien que no es cristiano, por quien pueden orar, amar, y servir. Ellos le traen comidas, le ayudan a barrer la tienda –lo que sirva para demostrar que realmente les aman...–. Después de tres o cuatro meses de demostrarles este amor, el alma más dura se ablanda y se rinde a Cristo.»[3]

Por medio del alcance de amor de la célula, estas personas pronto descubren la respuesta a los dilemas de su vida en Jesucristo.

Conociéndonos y compartiendo nuestras necesidades son las metas primarias de los grupos celulares. En esta atmósfera de calor y amor, los miembros de la célula descubren y después satisfacen las necesidades individuales. Las células que practican la hospitalidad del Nuevo Testamento recordarán las palabras del apóstol Juan: «Pues si uno es rico y ve que su hermano necesita ayuda, pero no se la da, ¿cómo puede tener el amor de Dios en su corazón? Hijitos míos, que nuestro amor no sea solamente de palabra, sino que se demuestre con hechos». (1 Juan 3:17-18). Ron Nicholas da un ejemplo personal,

«Cuando mi automóvil no quería arrancar en cierta oportunidad en un tiempo de invierno con la temperatura de diez grados bajo cero, Steve y Cathy (una pareja en nuestro grupo koinonía en la iglesia) me prestaron su automóvil nuevo para que yo pudiera conducir a mi empleo. Cuando mi esposa, Jill, volvió del hospital con nuestras hijas mellizas recién nacidas, disfrutamos varias comidas que nos trajeron los miembros del mismo grupo pequeño. Lloramos juntos cuando un miembro contó de su accidente automovilístico y de sus problemas en el trabajo. Todos sentimos dolor cuando el hijo de un matrimonio está en el hospital.»[4]

Los pequeños grupos que son eficaces y están creciendo hacen más que orar. Ellos solucionan las necesidades de maneras prácticas.

La evangelización a través del alcance comunitario

La Iglesia Comunitaria Viña de Cincinnati está adoptando una nueva norma significativa para sus pequeños grupos. Cada cuatro a seis semanas, cada grupo se ocupa de una «evangelización de servicio», un esfuerzo para alcanzar a los que no son cristianos.[5] El pas-

tor David Stiles explicó en 1995 que un quince por ciento de las finanzas de la iglesia se usan para ministerios de bondad: comprando y cambiando las bombillas (de luz) para las personas, rastrillando hojas, dando bebidas frías a las personas que viajan largas distancias, en una tarde de verano, etc. No se da una presentación formal del evangelio ni hay compromisos, dice Stiles, pero a cada destinatario de un acto de bondad recibe una tarjeta informativa sobre la iglesia. Muchas personas asisten a la iglesia y a los grupos celulares como resultado.

La Iglesia del Salvador en Washington, D.C., ha practicado el alcance social durante muchos años. Las cinco a doce personas en cada grupo celular oran, estudian y adoran juntos, y estos grupos de misión son conscientes de su responsabilidad social a los que están fuera del grupo. Ronald J. Sider explica:

«La meta de muchos de estos grupos de misión es la liberación de los pobres. Los miembros del grupo de la misión llamada "Jubilee Housing" (Casa de Júbilo) han renovado muchas casas deterioradas en el casco viejo de la ciudad de Washington. Junto con otros grupos de misión... ellos están trayendo la esperanza de un cambio genuino a cientos de personas del casco viejo de la ciudad.»[6]

La Iglesia Comunidad de la Palabra Viva en Filadelfia es otro ejemplo de amor práctico en acción. En 1970, la iglesia reorganizó en los alrededores grupos celulares caseros. La iglesia cambió radicalmente en su expansión numérica y en la vida de la comunidad. Sider escribe:

«Los miembros de las reuniones caseras han metido la mano en sus ahorros y acciones (comerciales) para dar préstamos libre de intereses a dos familias que compraron casas rodantes para vivir. Cuando los miembros fue-

ron para firmar los papeles para un préstamo hipoteca-rio libre de intereses para otra casa de familia, ¡las personas que estaban presentes para la transferencia estaban totalmente perplejas!»[7]

Un ejemplo más reciente y dinámico está ocurriendo en la Iglesia Bautista Comunidad de Fe. IBCF se extiende para resolver las necesidades físicas de los habitantes de Singapur a través de los centros de cuidado diurno, clubes para jóvenes, centros para lisiados, grupos de apoyo para diabéticos, y el asesoramiento legal.[8] Los miembros celulares son animados a participar tanto individualmente como en mayor escala (celular o zonal) en los ministerios sociales de Touch Community Services. Los voluntarios de los grupos celulares a menudo se ponen al lado de los miembros del personal para ayudar de maneras prácticas, como también para compartir su fe. La amplitud y la profundidad del ministerio en Touch Community Service Center son abrumadoras.

En el libro *Good Things Happen in Small Groups* (Cosas Buenas Suceden en los Grupos Pequeños) vemos la siguiente sugerencia:

> «Cada pequeño grupo debe cuidar a una persona de la iglesia que no puede salir. Se le pueden mandar tarjetas para su cumpleaños y en ocasiones especiales, hacerle una visita por lo menos en forma mensual, traerle una comida y comer con él, traer a alguna familia (incluyendo los hijos) cuando sea apropiado. Si hay muchas personas en su iglesia que están impedidas de salir de la casa, cada unidad familiar puede tomar una bajo su responsabilidad para cuidar de ella.»[9]

Otras ideas: un grupo celular particular podría decidir extenderse a la comunidad visitando una casa de salud, ministrando a los niños de la calle, o ayudando en un orfanatorio. El grupo celular ofrece una manera única y eficaz de alcanzar profundamente el corazón de los que no son cristianos. Esta es una evangelización que «muestra y dice», en lugar de ser sólo una verdad teórica. La Iglesia del Nuevo Testamento nació, creció y prosperó a través de la evangelización de pequeños grupos. Dios está llamando a Su Iglesia a que vuelva una vez más a este método excitante de alcanzar a las personas para Cristo.

RESUMEN DEL CAPÍTULO

• La hospitalidad se practicaba a menudo en las iglesias caseras del Nuevo Testamento y es una herramienta eficaz hoy día para la evangelización (pág. 143).

• Cuando los que no son creyentes ven el amor práctico en acción, a menudo ellos son atraídos para recibir el regalo de la vida eterna (pp. 143-145).

• La iglesia más grande en el mundo, la Iglesia del Pleno Evangelio Yoido, gana principalmente a los incrédulos al conocer primero sus necesidades y enseguida darles una solución. La evangelización orientada a satisfacer las necesidades que se practica en esta iglesia es un factor clave para el rápido crecimiento de la iglesia. (pp. 144-145).

PREGUNTAS PARA MEDITAR

• Describa una experiencia de cuando alguien extendió la mano a usted en un tiempo de necesidad. ¿Cómo le hizo sentirse?

• ¿Cuáles son algunas de las maneras en que su grupo puede ayudar prácticamente a los necesitados?

• ¿Cuál es el peligro de crear una dependencia cuando se intenta ayudar cuando existen necesidades físicas? ¿Cómo podría suceder?

• ¿Existen necesidades ahora dentro de su grupo celular (por ej., falta de trabajo, falta de vehículo, etc.)? ¿De qué maneras prácticas puede el grupo ayudar a solucionar esas necesidades?

PASAJES DE LA BIBLIA RELACIONADOS

• Lea Hechos 2:44-47.

• La atmósfera de compartir que había en la Iglesia primitiva ¿cómo se compara con la atmósfera de su grupo celular? Anote algunas cosas que se puede hacer prácticamente como grupo para compartir con los que están necesitados.

• Lea 1 Juan 3:16.

• Describa lo que pasó en su célula cuando se mencionó una necesidad inmediata.

ACTIVIDADES PRÁCTICAS

• Planifique una lección para el grupo sobre este tema y entonces haga que los miembros de la célula compartan si tienen necesidades particulares. Planifique los medios con el grupo de dar solución práctica a esa necesidad particular (por ej., con una ofrenda, cortando el césped, llevando la persona a la casa, etc.).

• Determine qués contactos no cristianos (*oikos*) de los miembros de la célula tienen serias necesidades físicas. Vayan juntos como un grupo para satisfacer esa necesidad particular. Invite a la persona al grupo celular.

• Lea el libro de Steve Sjorgen *La Conspiración de Bondad* (en inglés *Conspiracy of Kindness* –Vine Books, 1993) y anote las maneras en que su grupo pequeño puede solucionar las necesidades de los que están alrededor suyo.

CAPÍTULO 10
PREPÁRESE PARA UN PARTO NORMAL

M i esposa y yo estábamos emocionalmente excitados por el nacimiento de nuestra primera niña. Todos nos dijeron que el primer nacimiento sería el más intenso, tanto física como emocionalmente. Tenían razón. Con este consejo en mente, pasamos horas practicando técnicas respiratorias y aprendiendo sobre el proceso del parto. Estábamos viviendo en Ecuador y fuimos bendecidos por recibir la ayuda de una partera cuyo marido trabajaba en la Embajada de Estados Unidos. Ella sacrificó horas para enseñarnos sobre el proceso y estuvo a nuestro lado cuando Sara nació en Quito. Los puntos prácticos de la partera ayudaron a quitarnos el miedo a lo desconocido.

De igual manera, dar a luz un grupo celular requiere una planificación y una preparación detalladas. Teniendo un poco de conocimiento práctico sobre el desarrollo y la multiplicación de la célula le da confianza para el nacimiento de un nuevo grupo. Ciertamente, siempre queda algo de misterio y algunas circunstancias inexplicables, pero dominar ciertas técnicas nos ahorra dolor y confusión innecesarios.

CONSIDERACIONES ESPECIALES

Jesús dice en Juan 16:21-22: «Cuando una mujer va a dar a luz, se aflige porque le ha llegado la hora; pero después que nace la criatura, se olvida del dolor a causa de la alegría de que haya nacido un niño en el mundo. Así también, ustedes se afligen ahora; pero yo volveré a verlos, y entonces su corazón se llenará de alegría, una

alegría que nadie les podrá quitar». El parto es una experiencia dolorosa, como mi esposa puede testificar, en tres ocasiones. Sin embargo, después de la experiencia agónica de los primeros dos, ella estaba más que dispuesta para dar a luz otro hijo. Para mi esposa, la alegría de tener y sostener a su niño excedía en mucho el dolor de parto. Floyd L. Schwanz dice: «Las contracciones han de esperarse y no deben venir como una sorpresa. Algunas madres sufren muy poco; para otras este dolor es muy intenso. Así es con el nacimiento de los grupos. Pero no importa cuál haya sido la experiencia, la nueva vida es razón para ser celebrado».[1]

Muchas células nunca se multiplican. Aunque la siguiente lista de ningún modo es exhaustiva, mi experiencia e investigación de la célula han mostrado tres razones comunes para que una célula no se multiplique.

1. Los miembros del grupo se sienten demasiado cómodos entre sí. Ellos se aferran fuertemente a sus relaciones y no quieren soltarlas, aunque esto significa ganar a otras personas nuevas para el Reino. Ésta es la enfermedad del crecimiento de la iglesia que podríamos llamar *koinonitis* que es causado por enfatizar demasiado la comunión cristiana y pasar por alto la comisión de Cristo de alcanzar a los que no Le conocen. De hecho, los miembros de la célula son animados a desarrollar relaciones íntimas, pero no al punto de excluir a otros. Recuérdeles que aun cuando ellos dejen la célula para plantar otro grupo, ellos todavía pueden comunicarse con sus amigos en la célula anterior. De hecho, a veces la célula madre y las células hijas se podrán reunir para celebrar la meta mayor de la evangelización y el crecimiento de la iglesia.

2. Los miembros no conocen la gran alegría que acompaña el nacimiento de una nueva célula, contribuyendo al crecimiento de la iglesia y del reino de Cristo. La sola explicación no puede resolver este dilema. Esta alegría debe ser experimentada.

3. Después de experimentar la belleza del mover del Espíritu de Dios en el grupo pequeño, existe el temor de que el próximo grupo se quedará corto. Las personas a menudo tienen una preocupación no expresada de que el grupo nuevo posiblemente no podrá tener la unción que tiene el actual. Es el antiguo problema de creer que los días pasados son de algún modo superiores al presente o futuro. Salomón lo expresa de la siguiente manera: «Nunca te preguntes por qué todo tiempo pasado fue mejor, pues esa no es una pregunta inteligente» (Eclesiastés 7:10). Para superar esta tendencia, los líderes y miembros de la célula deben ser recordados continuamente que el Espíritu de Dios hará el próximo grupo celular tan especial como el actual. Deben considerarse las palabras de Ralph Neighbour Jr.: «La belleza de la iglesia celular incluso continúa cuando el grupo se multiplica porque el poder del Espíritu continúa trabajando en la vida del nuevo grupo».[2]

LA PROMOCIÓN DE NUEVAS CÉLULAS

Deben estimarse los líderes de la célula y colaboradores que han multiplicado sus grupos celulares favorablemente, ante la congregación.[3] Dale Galloway habla sobre la importancia de motivar a sus líderes celulares dándoles la atención, aprecio y afirmación,[4] y esto es especialmente verdad de aquellos que han logrado una célula hija.

SEPA CUÁNDO MULTIPLICAR

¿Y sencillamente, cómo sabe usted cuándo es tiempo para multiplicar su grupo celular? ¿Hay algún tamaño específico que un grupo debe alcanzar de antemano?

A menos que los grupos pequeños permanezcan pequeños, pierden su efectividad y su habilidad de cuidar las necesidades de cada miembro. El crecimiento en tamaño por lo general excluye el creci-

miento en intimidad, y ésta es la razón más fuerte para multiplicar. Al aumentar el tamaño de un pequeño grupo, hay una disminución directa de la participación de los miembros por partes iguales. En otras palabras, mientras el pequeño grupo aumenta de tamaño, hay una diferencia creciente en el porcentaje de comentarios hechos por la persona más activa y por la persona menos activa.[5]

Por consiguiente, de un punto de vista práctico, los grupos celulares deben multiplicarse para mantener la intimidad entre los miembros mientras continúan alcanzando a los que no son cristianos. El énfasis de cada célula en la evangelización y en la inclusión de los que no son creyentes estimula el crecimiento de la célula. Este crecimiento incesante obliga a la célula a multiplicarse para mantener su eficacia.

Los expertos de la iglesia celular están de acuerdo en que un grupo debe ser lo suficientemente pequeño como para que todos los miembros contribuyan libremente y compartan sus necesidades personales. Ellos no están de acuerdo, sin embargo, en lo que eso significa en números exactos. Muchos creen que el tamaño perfecto está entre ocho y doce personas. Dale Galloway dijo: «El número ideal para una buena dinámica de grupo y para cuidar y dialogar está en alguna parte entre ocho y doce personas. La participación es mucho mayor cuando usted se queda dentro de esos números».[6] Juan Mallison, un veterano practicante de los pequeños grupos, escribe: «Doce no sólo establece el límite superior para las relaciones significativas, sino que mantiene una situación no amenazante para aquellos que son nuevos en las experiencias de los grupos pequeños... Es significativo que Jesús escogió a doce hombres para estar en su grupo».[7]

Por el otro lado, Carl George establece la cantidad en diez. Él es más enfático en que éste es el tamaño perfecto para un grupo celular, porque es «... el tamaño probado por el tiempo y validado científicamente que permite una comunicación óptima».[8] Quizás un poco dogmático, pero el punto de George bien vale la pena ser tomado en cuenta. Él cree que un grupo debe permanecer pequeño para que un líder dé cuidado pastoral de calidad.

La experiencia de la Iglesia Amor Viviente en Tegucigalpa, Honduras, apoya un número óptimo de diez. Durante mucho tiempo, esta iglesia esperaba hasta que un grupo tuviera quince personas antes de multiplicar. Ellos vieron, sin embargo, que era difícil para un grupo mantener un promedio de quince personas por un periodo largo de tiempo. Así que hace unos años la dirección decidió que cualquier grupo con un promedio de diez personas reuniéndose en una forma constante sería un candidato para la multiplicación. Dixie Rosales, el director celular de la iglesia, informa que el cambio ayudó a revolucionar la multiplicación del pequeño grupo en la iglesia. Muchos más grupos califican ahora para la multiplicación, y la proliferación de células se está extendiendo más rápidamente en la Iglesia Amor Viviente.

UNA VARIEDAD DE MANERAS DE MULTIPLICAR

Los líderes celulares necesitan pesar algunas opciones en oración antes de multiplicar un grupo. Tengamos una apreciación global de las dos formas de verlo: plantando células y multiplicando células, y las variaciones dentro de cada una.

PLANTANDO CÉLULAS

Con la plantación de células, un miembro de un grupo existente inicia su propia célula desde el principio. Los plantadores normalmente inician una célula reuniendo a sus miembros *oikos* (amigos, familia, los contactos del trabajo) en un nuevo grupo celular. El plantador continúa teniendo una relación con el grupo madre, o por lo menos con el líder del grupo. La plantación de células es el estilo

primario de multiplicación de grupo en la Misión Carismática Internacional en Bogotá, Colombia, y en la Iglesia Agua Viva en Lima, Perú. El Centro de Oración Mundial Betania en Louisiana da énfasis a este método también ahora.

LA MULTIPLICACIÓN DE LA CÉLULA

En la así llamada multiplicación madre-hija, un grupo celular existente vigila la creación de una célula hija proporcionando las personas, el liderazgo, y una medida de cuidado personal para ayudar a su apoyo. Un grupo se forma desde dentro de la célula madre y se envía para formar una célula hija. Este es el método tradicional y usado con más frecuencia para la multiplicación de la célula. La mayoría de las iglesias en mi estudio se concentraron en este método, con sólo ocasionales incursiones en la plantación de células.

Tradicionalmente, la célula madre forma un nuevo núcleo que consiste en el nuevo líder, el nuevo colaborador, y algunos miembros de la célula madre. De las ocho iglesias que yo estudié, seis también incluyen tesorero (responsable para las ofrendas de la célula) en el nuevo equipo. Tome en cuenta que el líder de este equipo probablemente sirvió como colaborador de la célula madre. Si el colaborador se queda en el grupo original o se lanza fuera para empezar un grupo nuevo depende de la madurez de esa persona y su capacidad para el liderazgo.

La segunda diferencia más común del acercamiento de la forma madre-hija es que el líder de la célula se lanza fuera con varios miembros de la célula madre. Cuando esto ocurre, el colaborador de la célula toma el timón de la célula madre. Los registros en muchas iglesias en el mundo muestra que ambas variaciones funcionan bien.

Forme nuevos grupos sin destruirlos

La multiplicación celular exitosa es un arte. El líder debe tener sumo cuidado y mucha sensibilidad al formar el nuevo grupo, o corre el riesgo de alienar a los miembros. Donald McGavran sostiene en forma revolucionaria que las mayores barreras para la conversión de las personas son sociales, y no teológicas,[9] y esto a menudo es verdad en la evangelización celular. Siempre es mejor formar los grupos nuevos según las relaciones *oikos* naturales. ¿Por qué alienar a uno que no es cristiano insistiendo que él o ella formen parte de un nuevo grupo de extraños?

Multiplique siguiendo las líneas de las relaciones

De nuevo, esas personas que han formado uniones naturales entre sí deben quedarse juntas. Si alguien ha invitado a un visitante, él o ella irán con la persona invitada. Quizás la reflexión de un pastor de distrito en la iglesia de Cho, será útil:

> «*Tanto como sea posible, dividimos los grupos basados en redes naturales. Por ejemplo, si el ayudante en ese grupo le trajera dos miembros celulares más al Señor, entonces ese individuo saldrá con esos miembros para empezar un nuevo grupo. Si no hay ninguna red natural, entonces dividimos los grupos basados en la ubicación geográfica*»[10]

Bob Logan agrega:

> «*Un grupo dividido sin considerar las divisiones naturales o la afinidad dentro del grupo hará un gran lío. Si usted divide un grupo arbitrariamente, o en esta cultura usando inclusive los límites geográficos o algún otro medio aparte de la consideración de la afinidad de las personas, usted puede terminar con muchos miembros*

del grupo sintiéndose doloridos. Sin embargo, si usted identifica la afinidad natural o las personas relacionadas entre sí en su grupo, plante un líder para cada uno (o mire para ver qué líder surge naturalmente de cada uno), y entonces divida el grupo siguiendo estos lineamientos; el resultado será mucho más beneficioso. Para animar en la formación de estos lazos, empiece muy pronto en la vida del grupo para experimentar con composiciones diferentes dentro de la célula. Quizás les puede permitir a sus miembros dividirse por su propia disposición en grupos de tres, cuatro, o cinco miembros. Tome en cuenta quién gravitó sobre quién, y quién tomó el liderazgo. Pruebe esto durante tres o cuatro semanas para ver si algunos grupos están cuajando por sus afinidades.»[11]

El líder de célula sabio analizará continuamente las uniones de amistad naturales. Cuando llegue el tiempo del nacimiento, el discernimiento del líder demostrará ser muy útil.

Segundo, si no pueden establecerse vínculos naturales, los creyentes más maduros acompañarán al colaborador, y los nuevos o los menos maduros se quedan con el líder de la célula original.

Antes de que el nacimiento ocurra, los miembros del nuevo grupo deben reunirse solos. Por ejemplo, es una buena idea que este núcleo se reúna con la célula madre para la reunión celular «normal». Después que todo el grupo adora junto, el nuevo núcleo y el colaborador se separan en una parte diferente de la casa para discutir, planificar y orar. Esto ayuda para facilitar que los dos grupos tengan sus identidades separadas, y a experimentar cómo serán sus células después de que ellos se multipliquen. Esto también establece vínculos sólidos para el nuevo grupo.[12]

EMPIECE CON UNA FIESTA

A los ecuatorianos les gusta celebrar. Cuando mi esposa dio a luz a nuestras hijas, recibimos una andanada constante de visitas y personas que nos venían a felicitar. Igualmente, el nacimiento de un nuevo grupo celular es una ocasión gozosa. ¡Celebre el nuevo nacimiento! Invite a todas las personas que pueda. Algunas se quedarán y se unirán para fortalecer el nuevo grupo. El Centro de Oración Mundial Betania celebra la multiplicación celular con fiestas. A menudo la célula entera irá a un parque y tendrá un gran asado.

Yo asistí a una «celebración de cumpleaños» –con torta de cumpleaños y todo– de una nueva célula en Betania. ¡Qué acontecimiento alegre! Cantamos, escuchamos los testimonios, comimos y oramos fervientemente por la nueva célula hija. El liderazgo principal en conexión con la célula madre testificó, oró y comisionó a la nueva hija. El líder de la célula se refirió a los días pasados más duros cuando sólo un puñado de personas asistía. Pero en la fiesta de cumpleaños, todos podían ver la mano soberana de Dios. Reconocer un nuevo nacimiento de esta manera provee el «salto inicial» necesario para que el nuevo grupo marche bien. También crea la oportunidad para animar y orar por los nuevos líderes de la célula.

EL TIEMPO NECESARIO PARA MULTIPLICAR

En muchas de las iglesias celulares que crecen más rápidamente alrededor del mundo, una célula demora aproximadamente seis meses para multiplicar.[13] Neighbour escribe:

> *«Largos años de experiencia con grupos me ha demostrado que se estancan después de un cierto tiempo. Las personas aprenden los unos de los otros durante los primeros seis meses; después de eso, tienden a funcionar juntos sin demasiado esfuerzo. Por esa razón se esperará que cada Grupo Pastor multiplique naturalmente después de seis meses, o que sea reestructurado.»[14]*

Mi investigación en los cinco países de América Latina muestra que una célula se multiplica en exactamente seis meses. Pero ese tiempo aumenta a un promedio de casi nueve meses cuando se incluyen las estadísticas de Singapur y de Corea, porque esas iglesias multiplican sus células después de casi 18 meses. Floyd L. Schwanz llega a estas conclusiones:

> *«A través de los años, hemos notado que el promedio es de aproximadamente seis meses. Algunos grupos estarán listos para dar nacimiento a un nuevo grupo en tres o cuatro meses, pero algunos necesitarán de nueve a doce meses para levantar líderes que puedan tomar nuevas responsabilidades en otro círculo de amor. No es el tamaño del grupo que determina su habilidad para multiplicar; es su salud.»*[15]

¿CERRARÁ USTED LAS CÉLULAS QUE NO SE MULTIPLICAN?

Si se deben permitir que los grupos celulares continúen indefinidamente sin multiplicarse es un tema muy discutido, con abogados de ambos lados.

Las células que no multiplican no tienen una fecha de cierre en la iglesia de Cho o en las cinco iglesias latinoamericanas que yo estudié. De hecho, los pastores celulares en Colombia y El Salvador dijeron que era un «pecado» cerrar un grupo. Estas iglesias en América Latina, al igual que el Evangelio Completo Yoido, mantienen abiertas las células tanto tiempo como les sea posible. Sin embargo, ellos harán algunos ajustes drásticos –hasta llegar a cambiar los líderes y/ o los miembros– para multiplicar los grupos.

El lado contrario tiene varios abogados también. La Iglesia Bautista Comunidad de Fe en Singapur enseña a los colaboradores celulares que:

«Generalmente, el tiempo de vida de cualquier célula debe ser entre seis a nueve meses. Hemos descubierto que cualquier célula que no se multiplica después de aproximadamente doce meses por lo general se estanca, pierde su vida o dinamismo y eventualmente se muere. Todas las células deben tener un fin de alguna clase, y todos los miembros deben comprender esto desde el principio. La multiplicación es un tiempo de celebración. El líder debe ayudar para hacer que la multiplicación sea una ocasión agradable para todos.»[16]

El pastor David Tan de la Primera Iglesia Bautista en Modesto, California, dijo cierta vez: «Todo lo que tiene vida tiene un ciclo. Cuando usted estudia la célula, debe dar vida. Si usted mantiene una célula que no se está multiplicando, morirá. La opción es vida o muerte». En la Primera Bautista, las células tienen un año para multiplicarse; después de eso, son integrados a las células existentes. Win Arn encuentra que los grupos que se reúnen por más de un año sin multiplicarse tienen sólo un 50 por ciento de posibilidades de lograrlo en el futuro.[17]

Las ventajas de cerrar las células

- La célula no puede estancarse y comenzar a crecer hacia adentro. Se les da a los miembros una nueva visión al integrarse a las células dinámicas, que se multiplican.

- Las células comienzan con la meta de la multiplicación.

- Los líderes tienen menos probabilidades de quedar agotados, y los miembros no sienten la presión de un compromiso de por vida. Hay una salida.

- Las células existentes reciben miembros adicionales.

LAS DESVENTAJAS DE CERRAR LAS CÉLULAS

• Los líderes y los miembros tienen a menudo un sentido de fracaso cuando se le dice a un grupo que sea cerrado.

• Se pone presión sobre los líderes y miembros de la célula para que multiplique o falle.

• Los grupos que cierran pueden ser tantos como los grupos que se abren de modo que no hay crecimiento neto.

Cuando un grupo celular se vuelve canceroso y disfuncional, el cierre es la mejor política. Pero esas decisiones deben quedar dentro de los círculos superiores de dirección de la célula. Es imprudente enseñar o promover el cierre de la célula («multiplique o cierre») a los líderes celulares y colaboradores, porque esto pone una presión indebida en el líder de la célula y en el grupo celular. Es bastante duro para una persona no ordenada multiplicar una célula sin la carga adicional de un «posible fracaso». Mientras algunos pueden manejar este tipo de presión, otros evitarán el liderazgo de la célula debido a esto mismo, impidiéndoles así a los futuros líderes de ofrecerse como voluntarios. Por ejemplo, las células en una iglesia que yo visité estaban estancándose y no estaban atrayendo nuevos líderes, y varios líderes celulares atribuyeron esto a la posibilidad de cierre de su célula. Mientras el cierre puede ser necesario en algún momento, éste no debe ser la norma. Y ciertamente ninguna célula debe cerrarse antes de intentar todas las posibilidades para multiplicar el grupo.

Resumen del capítulo

- Es importante entender el proceso de la multiplicación de la célula para tener un parto normal (es decir, en su multiplicación, pp. 151-153).

- Muchas células nunca experimentan la alegría de dar a luz un nuevo grupo porque:

- Los miembros se sienten demasiado cómodos entre ellos, desarrollando la enfermedad en la iglesia llamada *koinonitis* (p.152).

- Los miembros no conocen la alegría de dar a luz una célula hija (pág. 152).

- Los miembros temen que la nueva célula tendrá menos calor y dinámica espiritual que la célula madre (pág. 153).

- Las células deben multiplicar para mantener su intimidad. El tamaño óptimo de un grupo pequeño es entre 8-12 personas. Siempre que una célula tenga más de 12 personas, es sabio dar a luz una nueva célula (pp. 154-155).

- Las dos maneras principales para multiplicar una célula son: la plantación de una célula (un miembro, quizás con uno o dos más, comienzan una célula desde cero), y la multiplicación madre-hija (dando a luz un nuevo grupo separado, ya completo con el líder y los nuevos miembros). En ambos tipos de multiplicación, es mejor multiplicar las células siguiendo las líneas de relacionamiento (es decir, los amigos van con los amigos) (pp. 157-158).

- El tiempo normal para multiplicar es entre seis y doce meses (pp. 159-160).

PREGUNTAS PARA MEDITAR

• Repase las tres razones por qué los grupos celulares no se multiplican. Comparta cuáles de estas situaciones ha experimentado usted personalmente. ¿Con cuáles de estas situaciones están luchando los miembros de su célula? Explique.

• ¿Cuál sería para usted el tamaño óptimo de una célula para mantener la calidad de la comunicación y la intimidad? Comparta las experiencias que usted ha tenido con grupos de diferentes tamaños. ¿Por qué razón un grupo nunca debería tener más de 15 personas?

• ¿Qué método de multiplicación de la célula (plantación de una célula o multiplicación madre-hija) cree usted que sea el método más eficaz? ¿Por qué?

• ¿Cómo se siente usted sobre la idea de que una célula debe cerrar si no se multiplica? (pp. 160-162). ¿Piensa usted que debe darse un cierto tiempo a una célula para multiplicar antes de cerrarlo? ¿Cuánto tiempo? ¿Por qué?

PASAJE DE LA BIBLIA RELACIONADO

• Lea Hechos 13:2-3.

• ¿En qué medida ha estado involucrado el Espíritu Santo preparando y enviando el nuevo líder o el equipo de liderazgo de su célula? ¿Qué puede hacer usted para dar énfasis al trabajo de Dios en la multiplicación?

ACTIVIDADES PRÁCTICAS

• Prepare un estudio de Juan 16:21-22 sobre la alegría de dar a luz un nuevo grupo celular. Compártalo con su grupo.

• En la próxima reunión de la célula, entreviste a una madre con varios hijos sobre los dolores de parto de su primer embarazo. Pregúntele si valía la pena, y por qué. Pregúntele por qué ella quiso tener otro hijo. Aplique lo que ella dice, al dolor de dar a luz una nueva célula, pero también la alegría de tener hijos espirituales.

• Determine las líneas de relacionamiento dentro de su grupo examinando las amistades naturales de los que están en su grupo. Determine qué tipo de multiplicación será mejor para su grupo.

CAPÍTULO 11
ENTENDIENDO LA PLANTACIÓN DE CÉLULAS

L a plantación de células siempre ha existido en la iglesia celular. Está ahora en la vanguardia del pensamiento celular debido mayormente a la influencia de la Misión Carismática Internacional en Bogotá, Colombia. Para quedarse en el borde cortante del ministerio celular, es esencial entender MCI y el «Modelo de los Grupos de Doce».

EL CRECIMIENTO DE LA MISIÓN CARISMÁTICA INTERNACIONAL

El pastor César Castellanos no sólo implanta en su pueblo una visión para pertenecer a un grupo celular, sino que también lideren uno. Él cree y enseña que la unción para conducir un grupo celular descansa sobre cada persona en la iglesia, no sólo sobre unos pocos escogidos.

En 1983, el pastor Castellanos estaba listo para rendirse después de esforzarse como un pastor durante nueve años. Entonces el Señor le mostró que el número de convertidos que él habría de pastorear sería más que las estrellas del cielo y que la arena en la costa. Dentro de unos meses su nueva iglesia, la Misión Carismática Internacional, había crecido a más de 200 personas.

La revista *Charisma* informa: «Los Castellanos atribuyen el crecimiento de la iglesia a su énfasis en los grupos celulares caseros –un enfoque que ellos creen que el Señor les dio después de visitar la Iglesia del Evangelio Completo Yoido de David Yonggi Cho en Corea del Sur en 1986».[1]

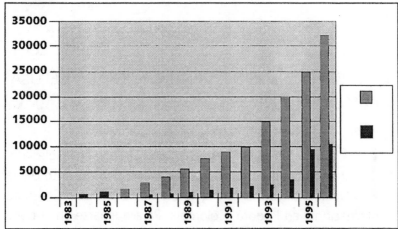

Figura 2 MCI. La Asistencia a la celebración y Número de Células

MODELO DE LOS GRUPOS DE 12

Después de usar una estrategia celular durante siete años, el pastor Castellanos tuvo una visión de Dios en el que el sistema celular debe estar basado en el ejemplo de Jesús y Sus doce discípulos. Así que el pastor Castellanos eligió a dedo a doce pastores con quienes él continúa reuniéndose semanalmente. (Estos 12 pastores mayores ahora supervisan las iglesias satélites, los diferentes departamentos, el entrenamiento para el liderazgo, y las funciones administrativas.[2]) Cada uno de estos doce pastores tiene doce bajo él o ella, y el proceso continúa hacia abajo hasta incluir a todos los miembros de la iglesia. Cada persona permanece con el Grupo original de doce en el que él o ella empezó el proceso de discipulado, a menos que alguna circunstancia rara hiciera necesario el cambio a un grupo diferente.

En este modelo, el nuevo plantador de la célula (discípulo) se reúne con su líder de célula (discipulador) repetidamente. Hasta que una persona encuentra sus 12 discípulos, esa persona sigue dirigiendo un grupo celular. Después de encontrar a sus 12 discípulos (que deben ser líderes de célula activos), el discipulador se concentra principalmente en dirigir a los 12, aunque él o ella podrían continuar dirigiendo un grupo celular normal.[3]

Es importante recordar que éstos no son discípulos estáticos, que han crecido para adentro. Para ser llamado un «discípulo», uno debe dirigir un grupo celular. El concepto de Los Grupos de 12 realmente es una manera de multiplicar el liderazgo, y por consiguiente los grupos, más rápidamente. En lugar de esperar que un grupo celular se multiplique en forma natural, este concepto obliga a los líderes de la célula a buscar activamente a las personas no ordenadas para dirigir los nuevos grupos celulares, y así se vuelven discípulos en el proceso.

En MCI, cada miembro de célula es un líder de célula potencial, y esta filosofía es seguida en la práctica. En cuanto una persona se convierte, empieza un «camino de entrenamiento» que lleva al liderazgo de la célula. Llegar a ser un líder de célula es la señal que una persona se está desarrollando espiritualmente. En la mayoría de las iglesias, muchos son entrenados con la esperanza de que unos pocos llegarán a ser líderes. MCI lo espera de todos.

Todos los miembros celulares son líderes potenciales de líderes de célula. Los líderes de célula que levantan otro líder inmediatamente llegan a ser sobreveedores. Este sistema no requiere mucha organización de alto nivel y parece funcionar bien en un nivel básico.

MCI ha llevado el grupo celular más allá de la mayoría de las iglesias celulares, y los resultados han sido sorprendentes. Al principio de 1997, esto es lo que se podía apreciar:

Células Entre Jóvenes en la Iglesia Madre	6.500 Grupos Celulares
Células Homogéneas Adicionales en la Iglesia Madre	10.500 Grupos Celulares
Células en las Iglesias Satélites	3.000 Grupos Celulares
Total de los Grupos Celulares	20.000 Grupos Celulares

Tabla 5 MCI: Desglose Estadístico de los Grupo Celulares

Los líderes de célula exitosos en MCI plantan varios nuevos grupos, preparan a los nuevos líderes para otros grupos, y son ahora líderes de líderes. Si alguno ha logrado esto y está entrenando líderes, esa persona recibe una promoción en la iglesia. Probablemente, le pedirán que se una al personal pastoral. Si eso no sucede enseguida, esa persona recibirá por lo menos un reconocimiento claro y positivo de parte de la iglesia.

Visiblemente Dios está trabajando en MCI, pero es difícil encasillar esta obra nueva. Paul Pierson, profesor de historia de la misión en el Seminario Fuller, dijo cierta vez: «Cuando verdaderamente Dios está obrando, a menudo las cosas están muy desordenadas».

El Espíritu de Dios le muestra al liderazgo en MCI lo que debe hacer diariamente. El pastor Juvenil César Fajardo dijo una vez que él no quiere escribir un manual sobre la filosofía celular en MCI porque estaría obsoleto en unos meses. Él y otros líderes en MCI están radicalmente comprometidos en seguir la guía del Espíritu, aunque signifique romper con los moldes establecidos de las tradiciones de la iglesia celular.

Algunos otros elementos se destacan en MCI:

Las células dentro de los departamentos

Los grupos de la célula están casi todos organizados bajo los departamentos ministeriales homogéneos en MCI.[6] Dependiendo del tamaño y especificidad del ministerio, podría haber muchos grupos celulares o muy pocos.[7] Los ministerios más grandes se reúnen como congregaciones separadas durante la semana.[8] Los departamentos mayores tienen un énfasis evangelístico en su reunión congregacional, y se invita a las personas para aceptar a Cristo.[9] Los líderes celulares en cada uno de estos ministerios reciben a las personas que vienen por vez primera, les aconsejan, les llaman dentro de las 48 horas, y se aseguran que están involucrados en un grupo celular.

Cada departamento tiene bastantes lugares abiertos para el ministerio, y el vínculo natural entre el grupo celular y el ministerio ayuda al recién llegado a estar involucrado en la iglesia. Una distinción importante es que el grupo celular siempre se reúne en la casa, mientras que la reunión de departamento siempre tiene lugar en la iglesia.

PRINCIPIOS FUNDAMENTALES	MODELO CELULAR TRADICIONAL	MCI
CUIDADO DEL LIDERAZGO CELULAR	El cuidado del liderazgo celular es provisto por los pastores de distrito, pastores de zona y supervisores.	El cuidado del liderazgo celular es provisto por los líderes de 12, desde los niveles inferiores hasta los discípulos del pastor Castellanos.
DIVISIÓN	Los grupos celulares se dividen en áreas geográficas bajo los pastores de distrito, líderes zonales y líderes de sección.	Los grupos celulares se dividen por departamentos ministeriales bajo el cual cada líder tiene los doce discípulos de él o de ella.
SISTEMA JETRO	El liderazgo superior es formado para pastorear a los líderes celulares bajo ellos. Normalmente son líderes de células, líderes de sección, pastores de zona y pastores de distrito.	Cada líder tiene 12 personas bajo el cuidado de él o de ella –desde el pastor mayor hasta los líderes individuales de célula–. El líder se reúne semanalmente con los 12 de él o de ella.
EVANGELIZACIÓN	La evangelización es mayormente una actividad del grupo.	La evangelización es más individual mientras cada líder busca de reunir su propio grupo.
ENTRENAMIENTO PARA EL LIDERAZGO	Los líderes potenciales son entrenados dentro de la célula y a través de seminarios antes de comenzar el liderazgo celular.	Los líderes potenciales son entrenados en retiros y clases que tienen lugar dentro de los varios departamentos del ministerio.
PLANIFICACIÓN CENTRAL	La planificación del grupo celular ocurre a nivel centralizado en las oficinas de distrito.	La planificación del grupo celular se planifica principalmente a través de los diferentes departamentos.

Tabla 6 MCI: Diferencias en la Estructura de la Célula

Se mantienen bien las relaciones con este modelo, porque hay un contacto constante entre el líder y el discípulo. Ésa es parte de la razón de por qué el Centro de Oración Mundial Betania adoptó este modelo. En el modelo de liderazgo anterior, el nuevo líder de la célu-

la hija a menudo rompía su relación con el líder de la célula madre después de la multiplicación. El nuevo líder desarrollaba relaciones nuevas con el supervisor, pastor de la zona y el pastor de distrito. En MCI y en el nuevo sistema de Betania, se mantienen las relaciones.

ADMINISTRACIÓN DE LA CÉLULA

La organización de MCI en torno a los Grupos de 12 es una nueva versión creativa del concepto de Jetro (Éxodo 18). Incluso los líderes de un nivel más alto que supervisan miles de personas todavía son responsables de sus Grupos de 12.

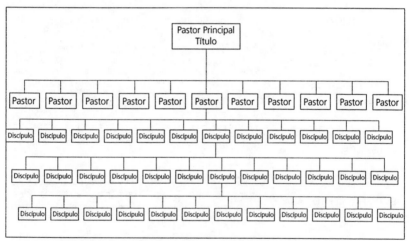

FIGURA 3 MCI: Estructura Administrativa Celular

En este modelo, los títulos «pastor de distrito», «pastor de zona» y «supervisor» no se usan. El principio del cuidado pastoral, sin embargo, es muy evidente.

LA DESCENTRALIZACIÓN DEL MINISTERIO

MCI ha descentralizado su estructura celular mucho más que algunas otras iglesias celulares, y esto podría ser una clave de su crecimiento tan asombroso. En el modelo de la célula tradicional, la

nueva dirección celular se «traspasa» a la estructura de liderazgo jerárquico. Otros toman la responsabilidad por el éxito de la nueva célula (por ejemplo, los supervisores, los pastores de zona, los pastores de distrito). Pero en el Modelo de los Grupos de 12, el líder de la célula madre tiene la responsabilidad primaria de desarrollar y pastorear los nuevos líderes. El modelo crea un desafío empresarial para que los líderes celulares encuentren y desarrollen tantos nuevos líderes como sea posible.

Ministerio continuo

La iglesia nunca se detiene en MCI. Los cultos en el templo principal siguen desde la reunión de oración, temprano en la mañana, hasta tarde en la noche. Es raro el momento cuando uno de los pastores o de las personas no ordenadas no está predicando la Palabra de Dios, adorando, u orando.

La oración continúa desde las 5 hasta las 9 de la mañana todos los días. Un pastor o líder diferente está a cargo de cada una de las cuatro sesiones de una hora a las que asisten entre 500 y 1.000 personas todas las mañanas. La iglesia tiene una reunión de oración de toda la noche que se reúne todos los viernes. En ocasiones especiales, al empeorar el tráfico de la droga y la guerrilla, la iglesia dedica las 24 horas, sin parar, para orar por el país.

Los miembros de MCI describen su culto apropiadamente como «explosivo». Yo escribí lo siguiente después de asistir a un culto de adoración el sábado por la noche:

> *«Éste es el futuro de Colombia –las personas jóvenes tocadas por el evangelio–. ¡Aquí hay vida! ¡Éste es Su trabajo soberano! Las personas jóvenes bailan al unísono, en una sola fila realizando los mismos movimientos de las manos y de los pies. Dos muchachas jóvenes guían a toda la congregación modelando los movimientos.*

Ésta es una expresión limpia y dinámica del amor de Dios. Los gritos de alegría se extienden como reguero de pólvora por toda la sala de conferencias. Esto no es individualismo salvaje y carismático. Hay orden por todas partes. Cada tirón y movimiento de la mano es en unidad. Éste es el estilo colombiano. Sólo los latinoamericanos podrían expresarse tan bien con tan poca vacilación.

Un departamento entero se dedica a este ministerio. Un conjunto completo, incluyendo danzas con precisión, anima el culto.

LA JUVENTUD

El departamento juvenil, encabezado por el pastor Cesar Fajardo, es el ministerio más exitoso de MCI. En junio de 1998, había 6.500 grupos celulares juveniles. Siguiendo el modelo, el pastor Fajardo supervisa a sus 12 discípulos; cada uno de esos discípulos tiene 12 más, y el proceso continúa abajo a los nuevos jóvenes que entran cada semana. La clave del crecimiento es que cada discípulo también dirige un grupo celular.

Aproximadamente 16.000 jóvenes asistieron a la reunión de jóvenes del sábado a la noche, cuando yo los visité en 1998. Aproximadamente 500 jóvenes fueron adelante para recibir a Cristo en ese culto. El nombre de cada nuevo convertido se documenta y entonces se entrega a un grupo celular para el seguimiento. (Todos los meses las tarjetas de seguimiento se dan a uno diferente de los 12 discípulos del pastor Fajardo, y esto asegura que el seguimiento se distribuye uniformemente.) Otro evento cumbre entre la juventud es el retiro espiritual Encuentro, que dura todo un fin de semana y sirve para atraer a las personas a la salvación y santificación.[10] La visión de los jóvenes es contagiosa, y su meta es alcanzar 100.000 jóvenes para el año 2000.

CAPÍTULO 11 E n t e n d i e n d o
LA PLANTACIÓN DE CÉLULAS

EL CENTRO DE ORACIÓN MUNDIAL BETANIA

Muchos creen que el Centro de Oración Mundial Betania es la iglesia con el «Modelo Celular Puro» más exitosa en los Estados Unidos. La razón del éxito de Betania: Esta iglesia aprende de otras. Ha espigado principios celulares de las iglesias de todo el mundo. Más recientemente, ha adoptado mucho de la metodología del modelo de los Grupos de 12 y ha estado dando énfasis a la plantación de células, sobre todo de grupos homogéneos. Aproximadamente 1.500 pastores asistieron a su seminario celular semestral en noviembre de 1997.

EL CRECIMIENTO DE LA IGLESIA

El ministerio celular empezó oficialmente en abril de 1993 con 52 grupos (formados del ministerio de oración). En junio de 1996, un 70 por ciento de los adultos de Betania estaba asistiendo a uno de sus 312 grupos celulares. Durante ese tiempo, alrededor de 1.500 familias se unieron a la iglesia a través del ministerio celular. Entre 25 y 30 personas recibieron a Cristo en los grupos celulares todas las semanas.[11] La asistencia de Betania fue más del doble llegando a casi 7.000 desde el comienzo del ministerio celular en 1993.

Los primeros 52 grupos se multiplicaron en tres meses. Seis meses después, esos grupos se multiplicaron. En 1996, las células tardaron aproximadamente un año para multiplicarse. Betania implementó oficialmente el Modelo de los Grupos de 12 a principios de 1997, y los grupos celulares subieron como un cohete de 320 a 600+ grupos en tan sólo 12 meses.

PRINCIPIOS CELULARES DE BETANIA

Betania ha adaptado su ministerio celular a los Grupos de 12 mientras retiene los principios fundamentales de la célula recogidos del movimiento de las iglesias celulares a nivel mundial. Aquí hay

algunos principios importantes que pueden aprenderse de la historia de Betania:

1. Los líderes estudiaron otros modelos celulares alrededor del mundo antes de comenzar su propio modelo. Varios de los expertos –Ralph Neighbour Jr., David Cho, César Castellanos, Karen Hurston– fueron invitados a la iglesia para enseñar sobre el ministerio celular.

2. Se realizó un entrenamiento extenso de los líderes celulares antes de comenzar el ministerio de las células.

3. La iglesia se comprometió con el sistema Celular Puro desde el principio.

4. El sistema fue puesto a punto a medida que se descubrían las necesidades.

5. La oración era un factor importante en el sistema celular.

6. Se establecieron metas para el crecimiento celular.

Uno de los principios esenciales que Betania adoptó de Colombia es que cada persona tiene la unción para la multiplicación y la habilidad de ganar una multitud. Como en MCI, cada líder en Betania busca 12 discípulos. Ellos examinan la congregación para descubrir los discípulos potenciales para agregar a su grupo. Es aceptable tener una mezcla de líderes maduros y líderes potenciales. El discipulado de estos líderes involucra guiarlos a través de la enseñanza doctrinal básica hasta el punto de liderar un grupo. Los pastores de distrito, los pastores de zona y los líderes de sección también tienen la meta de llevar a 12 personas al Señor cada año.

El pastor de zona Bill Satterwhite, por ejemplo, convirtió a sus seis líderes de sección en discípulos. Pero entonces él buscó a otros para agregar a su grupo, específicamente las personas con potencial de liderazgo, que no estaban en los grupos. De hecho, uno de sus discípulos había sido un líder de célula que había dejado su tarea.

EL CONCEPTO DE LOS GRUPOS DE 12 A NIVEL CELULAR

Cada miembro de célula es animado a plantar una célula, pero el nuevo líder sigue quedando entonces con la célula original para la comunión y el discipulado bajo ese líder de célula. La idea es de mantener las relaciones. Mientras el nuevo líder está siendo discipulado, él encuentra y desarrolla a las personas nuevas. La meta es que cada miembro de célula encuentre cinco o seis personas no cristianas y empiece un grupo con ellos. Esta estructura le permite a una persona cumplir con el llamado de Dios para segar la cosecha.

ÉNFASIS EN LA MULTIPLICACIÓN

Los pastores en Betania establecen muy claramente a los líderes de la célula: «No les permita a las personas pensar que van a permanecer juntas para siempre». Más bien, ellos enseñan que la multiplicación de la célula es la norma y que Dios pone en todo la capacidad para reproducirse. Las células son organismos vivos que tienen la capacidad de reproducirse, y los pastores de distrito enseñan que esto es el verdadero fundamento de las células.

Por lo menos se promueven tres tipos de multiplicación de la célula en Betania:

1. Multiplicación interior. Un miembro de la célula trae a cuatro o cinco personas y en el futuro los toma para formar un nuevo grupo.

2. Multiplicación externa. Alguien en la célula forma un grupo homogéneo dentro de la comunidad. Ésta es la razón principal para la proliferación de células actual de Betania.

3. Multiplicación tradicional. Este es el método de madre-hija que Betania siempre ha practicado, sólo que el colaborador de la célula toma más responsabilidad ahora desarrollando un equipo para empezar un nuevo grupo. Los colaboradores discipulan y activamente construyen relaciones con nuevos con-

vertidos con la meta de comenzar un nuevo grupo. Una vez que el colaborador está discipulando cinco o seis personas, el nuevo grupo empieza.

Grupos celulares homogéneos

De los más de 300 nuevos grupos que empezaron recientemente en el Centro de Oración Mundial Betania, aproximadamente un 90 por ciento son grupos homogéneos basados en relaciones establecidas a través del trabajo, la escuela o los deportes. Betania comprende que la mayoría de las personas en EE.UU. ahora encuentran relaciones significativas en el lugar de trabajo más que en el barrio y que es más probable que las personas se involucren con aquellos que ya conocen a través de su relación actual en el trabajo o en la escuela. Así, los grupos homogéneos son una manera eficaz de evangelizar y discipular a los que no son cristianos.

Las metas básicas de los grupos son las de construir relaciones con Dios y entre sí, y alcanzar a los perdidos. Estos grupos son flexibles y pueden encajar en cualquier horario. Si los miembros tienen sólo 30 minutos para el almuerzo, está bien; no tienen que terminar necesariamente toda la lección.

Un líder homogéneo tiene el doble compromiso de liderar su propio grupo celular y recibir discipulado en su grupo celular original. Para evitar conflictos de programa, Betania les pide a los líderes que limiten los nuevos grupos a los horarios cuando ellos ya están reuniéndose con miembros potenciales.

Este nuevo énfasis en Betania sigue el énfasis de Ralph Neighbour Jr., en los grupos de interés que él llama «grupos para compartir» y «grupos-objetivo». Él dice:

«Debe haber una manera de ir a las áreas donde usted no conoce a nadie –donde no existe ningún contacto natural oikos–. Esto se hace poniendo como «objetivo»

algunos grupos especiales de personas que tienen una necesidad o un interés común. Así, usted y su equipo pueden decidir que hay familias que viven en una cierta propiedad que necesitan un testimonio cristiano. Descubriendo sus necesidades, intereses, etc., usted puede encontrar una razón para invitar a estos extraños a una serie de reuniones del grupo que dura 10 semanas.»[12]

Él sigue diciendo:

«Los Grupos-objetivos reúnen a las personas con intereses comunes. Por ejemplo, aquellos que están interesados en tocar la guitarra, andar en bicicleta, hacer una caminata, jugar al tenis, charlar sobre las computadoras, etc., son áreas que prontamente atraen a las personas para reunirse. Estos intereses le dan un contacto natural con personas que no lo conocen, y que tampoco conocen al Señor. Ellos también reúnen a las personas con preocupaciones comunes. Las personas solas, los padres de niños rebeldes, los diabéticos, los padres separados, las víctimas del abuso de drogas, las viudas, los desempleados, etc., son todos grupos de personas que pueden ser localizadas a través de los Grupos-objetivo.»[13]

Neighbour recomienda que estos grupos se limiten en alcance y en duración (10 semanas) para lograr un propósito particular. Pero los grupos homogéneos de Betania son continuados y se vuelven el grupo celular para aquellos que asisten.

Entrenando nuevos líderes celulares

Betania combina creativamente el entrenamiento del grupo celular personal con la instrucción en las aulas. El entrenamiento no ha cambiado mucho desde que se adaptó el modelo de los Grupos

de 12, sólo que las sesiones se dan con mayor frecuencia. La meta del entrenamiento es la de transformar a cada nuevo convertido en un líder celular dinámico. Para cumplir con este propósito, el recién convertido recibe un discipulado personal por seis semanas dentro del grupo celular: asiste a un Encuentro de Fin de Semana, toma Clases de Discipulado durante doce semanas, asiste a un Retiro de Descubrimiento de un día (en la que se realiza la prueba DISC y el Inventario de Dones Espirituales es dado), atraviesa por las Clases de Liderazgo que dura doce semanas, hay un Retiro para Campeones, y luego es ordenado líder de una célula. Claro está, la persona debe abrir su propio grupo celular. Todo el proceso lleva aproximadamente ocho meses. Como parte del entrenamiento, el pastor Larry se dirige a todos los líderes en una reunión cumbre de liderazgo, donde presenta la visión para el mes y las lecciones celulares del mes.

ORGANIZACIÓN DE LA CÉLULA

La estructura orgánica de Betania es impresionante. Las oficinas de la célula contienen un buzón para cada líder de célula, mapas de rastreo en la pared y la responsabilidad estadística para cada nivel de dirección. Estableciendo las estrategias y la administración todavía tienen lugar en las oficinas del distrito. La estructura del liderazgo del pastor de distrito, del pastor de zona y del líder de sección también es el mismo. Todavía se requieren informes estadísticos de cada líder de célula.[14]

SEGUIMIENTO

Los pastores de zona todavía saludan a los nuevos convertidos después del culto de celebración. Los recién convertidos son asignados a un grupo celular, y los líderes de célula y de sección hacen una visita inmediata. Después de unirse a un grupo de Toque, el nuevo convertido es invitado a un retiro semanal en la iglesia para el «primer paso», siguiendo el modelo en MCI. Después del retiro, el discípulo sigue la clase de entrenamiento normal con la meta de llegar a ser eventualmente un líder.

INVOLUCRAMIENTO DEL PASTOR MAYOR

El papel del pastor mayor es crucial para el éxito a largo plazo del ministerio celular. El pastor Larry Stockstill de Betania modela su compromiso al ministerio celular por su involucramiento personal. Él dirige seminarios celulares realizados en Betania todos los años. Cada semana, el pastor Larry:

1. Prepara la lección de la célula.

2. Hace una visita sorpresiva a un grupo celular para averiguar si sus ideas funcionan (por ej., la lección de la célula, etc.).

3. Vincula su mensaje del domingo de mañana con el ministerio celular.

4. Anima con una visión fresca a todos los líderes celulares.[15]

5. Presenta las nuevas células hijas ante la congregación para oración y estímulo.

6. Mantiene el enfoque de la célula y resguarda de los programas que extraen la savia de la visión de la célula.

7. Se reúne con el personal de su célula.

8. Se reúne con doce muchachos adolescentes que él está equipando como líderes.

LA VISIÓN DE LA MISIÓN

Betania se compromete a plantar iglesias celulares en todo mundo, y este compromiso mete la mano profundamente en los fondos de la iglesia. El presupuesto de las misiones de Betania era de 600.000 (seiscientos mil dólares) en 1985, y ha aumentado 100.000 dólares

todos los años desde entonces. En 1997 la iglesia dio 2,1 millones (dólares) a las misiones.[16]

Betania les exige a sus misioneros formados allí que sirvan primero con éxito como líderes de célula. El ideal del pastor Larry es que todo candidato a misionero primero multiplique un grupo celular y también sirva en una posición de liderazgo celular de un nivel superior (es decir, líder de sección, líder de zona, pastor de distrito).[17] Betania actualmente sostiene más de 90 misioneros propios que sirven en más de 24 países alrededor del mundo.[18]

EL CENTRO CRISTIANO DE GUAYAQUIL

El CCG es un modelo excitante en Guayaquil, Ecuador que está multiplicando los grupos celulares rápidamente. De 1992 a 1996, CCG creció de 16 células a 1.600 –haciendo un promedio de 396 grupos nuevos por año. Según el manual celular, se espera que los grupos pequeños en CCG se multiplique dentro de los seis meses, y ésta es la meta de cada líder de célula. La multiplicación ocurre, pero CCG también planta muchas células desde el principio. Aunque las cifras exactas no están disponibles, un líder estima que el 80 por ciento de las células nuevas son plantadas y el 20 por ciento nacen por medio de la multiplicación. CCG no tiene un tiempo estricto para cerrar un grupo si no se multiplica.

La maquinaria que tienen en CCG para empezar y pastorear los nuevos grupos celulares es impresionante. Esta iglesia se compromete para alcanzar a Guayaquil (más de 2 millones de habitantes) a través de los grupos celulares y para recaudar la gran cosecha allí.

LA EVANGELIZACIÓN A TRAVÉS DEL GRUPO CELULAR

Antes de empezar las células, CCG administró un programa de Evangelización Explosiva (E.E.) completo. Aunque CCG todavía organiza una clínica de E.E. todos los años, la iglesia adapta E.E. a su ministerio celular. Se estimula a los líderes de célula para que tomen E.E., y las visitas de E.E. son delegadas según las zonas en cada distrito. Se hacen más decisiones para Cristo en los grupos celulares que en los cultos de la iglesia, y aquellos que sí reciben a Cristo en los cultos normalmente son preparados de antemano por los grupos celulares.

Es importante notar que llevar a una persona al bautismo, y no sólo a aceptar a Cristo, es la meta de los líderes celulares. No se bautiza a nadie en la iglesia a menos que él o ella sean parte de un grupo celular. El líder de la célula es quien trae a la iglesia las solicitudes para bautismo, no el solicitante mismo.

Una vez que la persona se bautiza, asiste a un grupo celular, y expresa su interés en el liderazgo; él o ella asisten a una clase de entrenamiento de cuatro semanas que cubre los puntos principales del manual de CCG sobre el ministerio de los grupos celulares. Una persona puede dirigir oficialmente un grupo celular después de completar el curso de las cuatro semanas, aunque se estimula que la persona se siga entrenando. CCG ofrece varios niveles de liderazgo y de entrenamiento bíblico, desde esta clase de cuatro semanas iniciales hasta una graduación completa de la Biblia del Seminario Bíblico de CCG.

Dirigiendo dos grupos celulares

Tantos nuevos grupos pueden empezar en CCG porque, en promedio, cada líder dirige dos grupos. Si alguien desea abrir su casa para un grupo celular, el pastor de zona frecuentemente pedirá a uno de los líderes celulares que dirija el nuevo grupo.

Estableciendo las metas

Cada líder de zona fija metas específicas acerca del número de células nuevas, asistencia a la célula, conversiones y bautismos. Las

nuevas metas son tomadas todos los años junto con los pastores de distrito y se someten al pastor Jerry Smith para su aprobación final. Todas las semanas, los pastores de distrito evalúan el progreso de su pastor de zona; el pastor de zona evalúa a los superintendentes; y los superintendentes animan a los líderes de célula basados en sus metas. Se realiza un análisis estadístico cada trimestre (basado en porcentajes) para mostrar a los líderes cuán cerca están de alcanzar sus metas.

LA VISITACIÓN

Cada pastor de zona hace aproximadamente 40 visitas por semana a los miembros de la célula, nuevos convertidos y visitantes para un total de aproximadamente 920 visitas por semana. Estos pastores de zona siempre están alertas a la posibilidad de la apertura de una nueva casa para plantar una célula, multiplicar un grupo celular existente, o reconocer a los líderes que van surgiendo. Muchos nuevos grupos empiezan como resultado de las visitas diligentes por parte de los pastores de zona.

El desarrollo en el ministerio en CCG está basado principalmente en empezar y conducir exitosamente los grupos celulares. La mayoría de los pastores de zona y de distrito ganan su posición debido a éxitos pasados. Así, la esperanza de muchos superintendentes y líderes de célula es un día llegar a ser pastor de zona o pastor de distrito.

IGLESIA BAUTISTA COMUNIDAD DE FE

Los líderes de IBCF se dan cuenta de que su proceso normal de multiplicación celular madre-hija no está produciendo el resultado deseado aunque los planes y programas para la evangelización celular son excelentes. La ganancia neta de la célula se ha estancado en los últimos años, pero IBCF espera que esto dé la vuelta dando énfasis a la plantación de células. Los pequeños grupos formados a través de la plantación de células ofrecen un rayo de esperanza a IBCF.

La visión para plantar células

El pastor de distrito Leong Wing Keen dice que la conferencia celular anual 1998 dará énfasis a la plantación de células. El Rev. Richard Ong, director ejecutivo de Ministerios Internacionales Touch, dice que el Espíritu Santo está despertando la iglesia celular a nivel mundial con ideas similares, específicamente mencionando a Ralph Neighbour Jr., y la plantación de células éxitosa en MCI, en Colombia. Ong explica que la multiplicación celular madre-hija en forma interminable, justamente no es posible porque las relaciones *oikos* de una persona finalmente se terminan como posibilidades. Chua Seng Lee, Director del Ministerio de Campus/Combat, explica que la plantación de células en IBCF se originó en su distrito con estudiantes universitarios, y que esta idea está tomando fuerza en toda la iglesia.

Cómo se plantan las células

En abril de 1997, todavía el concepto de la plantación de células estaba principalmente en la fase de las ideas en IBCF. Sin embargo, se están utilizando dos técnicas para la plantación de células. En el primero, una célula escoge un blanco y empieza a orar caminando por toda esa área. La célula establece contacto entonces con alguien que está en el área escogida (un no cristiano o un simpatizante de la iglesia) que está dispuesto a abrir su casa para tener una célula. Varios miembros más fuertes (padres espirituales) del grupo madre se reúnen con el nuevo grupo mientras continúan asistiendo a la célula madre. La meta, eventualmente, es formar dos células separadas.

El segundo método vincula la plantación de células con los tres eventos de cosecha mayores de IBCF. Las casas de los que reciben a Cristo en estos eventos son escogidas para la plantación de la célula. Estos nuevos convertidos están a menudo cultural o geográficamente distantes del grupo madre, así que no se asimilan naturalmente en él. De nuevo, algunos de los miembros más fuertes de la célula madre forman nuevas células compuestas de estos nuevos creyentes. Los miembros más fuertes continúan asistiendo a su propia célula, mientras buscan establecer un nuevo grupo.

RESUMEN DEL CAPÍTULO

• La plantación de una célula ocurre cuando los miembros de la célula individuales dejan la célula madre para empezar una nueva célula entre los amigos y familiares (la red *oikos*). A menudo uno o dos miembros de la célula madre acompañarán al plantador de la célula (pp. 185-186).

• Algunas iglesias esperan que cada miembro de la célula plante una nueva célula, mientras mantiene una relación íntima, pastoral, con el líder de la célula madre (pp. 185-186).

• La plantación de células es muy eficaz entre los grupos homogéneos. Es decir, el plantador de la célula empieza el nuevo grupo entre las personas con propósitos y actividades afines (por ej., compañeros de trabajo, parientes, etc., pp. 178-179).

PREGUNTAS PARA MEDITAR

• Describa su experiencia o conocimiento en cuanto a la plantación de células.

• ¿Qué principios del modelo G-12 está usando usted actualmente en su grupo celular? (por ej., cada miembro es un líder, cada líder es un supervisor, etc.).

• ¿Cuáles son las ventajas de la plantación de la célula? ¿Cuáles son las desventajas?

• Si usted u otra persona ha estado involucrado en la plantación de una célula, comparta la experiencia.

PASAJES DE LA BIBLIA RELACIONADOS

- Lea Hechos 14:21, 23.

- Pablo y compañía eran plantadores de iglesias por excelencia. Ellos ganaban personas y las reunían en las iglesias. ¿Qué similitudes existen entre la plantación de iglesias y la plantación de un grupo celular? ¿Cuáles son las diferencias?

- Lea Marcos 3:13-19.

- ¿Cómo se asemeja el modelo G-12 al ministerio de Cristo con Sus discípulos? ¿Cuáles son las diferencias?

ACTIVIDADES PRÁCTICAS

- Lea *Grupos de Doce: Una Nueva Manera de Movilizar a los Líderes y Multiplicar Grupos en Su Iglesia* por Joel Comiskey. Anote los principios que usted puede aplicar ahora en su grupo.

- Prepare dos lecciones para la célula sobre el sacerdocio de todos los creyentes (Apoc. 1:6; Ef. 4:11-12) con el propósito de desafiar a todos los miembros de la célula para ver su potencial para dirigir un grupo celular.

- Evalúe cada miembro de su grupo celular y determine qué miembros podrían estar listos para plantar una célula. Empiece orando regularmente por esto; luego anímelos en el proceso de la preparación. En cuanto acepten el desafío haga planes específicos con ellos.

CAPÍTULO 12
ENTENDIENDO LA MULTIPLICACIÓN MADRE-HIJA

En este método de multiplicación de la iglesia celular tradicional, un grupo celular que ya existe supervisa la creación de una célula hija proporcionando personas, dirección y cuidado personal. Varias iglesias celulares alrededor del mundo han perfeccionado este método y están listas para enseñar lo que ellas han aprendido al resto de nosotros.

LA IGLESIA DE ELIM

La IE (Iglesia Elim) en San Salvador, conducido por el pastor Jorge Galindo, es un primer ejemplo de expansión a través de la multiplicación celular madre-hija. Elim ha crecido a 6.000 grupos celulares fuertes en tan sólo 12 años. Aproximadamente 130.000 personas asisten a los grupos celulares todas las semanas, con un promedio de 22 personas por célula. La clave de Elim parece ser una combinación de fijación de metas claras, planificación en equipo y el excelente seguimiento del liderazgo (a través del control estadístico y el sistema Jetro).

Cuando la IE adoptó el sistema celular en 1985, la iglesia madre Elim inmediatamente cerró 25 iglesias afiliadas en San Salvador y las unificó en una iglesia en la ciudad. Muchos grupos celulares empezaron entonces desde el principio. Mientras la meta inicial era la de abrir tantos grupos como fuera posible sin mucha consideración por la calidad o la multiplicación, el sistema ahora asegura el control de calidad mientras mantiene la visión para la multiplicación rápida.

LA EXPLOSIÓN DE LOS GRUPOS CELULARES EN LOS HOGARES

Elim apunta a penetrar la ciudad entera de San Salvador con el evangelio, primero a través de la multiplicación celular madre-hija. (La plantación de algunas células está ocurriendo en áreas que se han escogido recientemente[1].) El pastor Galindo dice que de los 6.000 grupos celulares, aproximadamente 1.000 eran plantaciones celulares; los otros 5.000 eran el resultado de la multiplicación de los grupos celulares madre-hija.

Por lo menos vale la pena tomar en cuenta tres aspectos del sistema de Elim:

1. IE no cierra las células que no multiplican. Se hace todo lo posible para mantener los grupos vivos.

2. IE no multiplica una célula hasta que 20 adultos están asistiendo a las reuniones de grupo. Esta regla es exigida en forma estricta, a menos que la casa del organizador sea demasiado pequeña para un grupo de ese tamaño o que el nuevo equipo esté muy preparado.

3. IE multiplica el núcleo antes de multiplicar la célula. La expansión del equipo de liderazgo es una de las principales metas de las reuniones de planificación del jueves de noche de toda la iglesia. Se toma muchísimo cuidado para preparar el nuevo núcleo que guiará el grupo celular nuevo (célula-hija).

RAZONES PARA EL ÉXITO

A lo largo de América Latina IE es conocida por la multiplicación de grupos celulares fuertes. Hay cuatro razones por lo menos para este éxito:

1. **Fijación de la Meta.** Cada zona establece una meta «simple» para cada año: la duplicación del número de grupos, de asistencia, conversiones y bautismos. Estas metas son entonces divididas en cuatro para llegar a una meta trimestral. Todo el liderazgo celular de todos los niveles es puesto en una lista

según cuán cerca ellos llegan de alcanzar sus metas. A cada categoría de meta (bautismo, asistencia, etc.) se le da un cierto peso. Todos los líderes son comparados entre sí según cuán bien ellos están trabajando hacia el 100 por ciento de crecimiento. La «competencia saludable» entre los pastores con respecto a esas metas le da empuje al alto grado de motivación para crecer.

2. **La Planificación del Equipo.** La reunión de planificación del equipo del jueves a la noche parece ser esencial para el crecimiento del grupo celular y su eventual multiplicación. En estas reuniones se desarrollan las estrategias para alcanzar a las personas nuevas, se planifican las visitas, y se prevé la multiplicación. El nuevo equipo empieza a tomar forma durante estas sesiones de planificación.

3. **La Organización.** Elim ha desarrollado un sistema muy eficaz de rastreo estadístico que cuenta a cada una de las 130.000 personas que asisten a los grupos celulares durante la semana. El sistema es autóctono.[2] El seguimiento estadístico de cada reunión le da a los pastores y supervisores un informe del progreso de cada célula, y motiva a los líderes para extenderse para alcanzar a otros. Además, el funcionamiento tranquilo del sistema Jetro proporciona ayuda y entrenamiento para los líderes celulares. Estos dos aspectos del sistema celular funcionan para mantener un ritmo de crecimiento.

4. **La Evangelización.** La forma más eficaz del alcance celular en IE es la evangelización por la amistad. Los líderes instruyen a sus grupos que tengan amigos, que ganen su confianza, y luego los inviten a la reunión. La meta es que cada una de estas personas reciba a Cristo y llegue a ser un miembro de la iglesia. Otra forma de evangelización se practica (las visitas de puerta en puerta, películas, comidas, etc.), pero la forma más eficaz tiene lugar entre la familia, vecinos y amistades.

ENTRENAMIENTO PARA EL LIDERAZGO

Cada distrito ofrece continuamente cursos de entrenamiento de cuatro semanas para los líderes potenciales. Cuando un grupo se gradúa, el próximo comienza. Estas clases, diseñadas para inculcar la filosofía celular de Elim, normalmente son enseñadas por un equipo de dos personas (dos pastores de zona o el pastor de distrito y el pastor de zona).

PRIMERA SEMANA	• El Llamado Para Dirigir • La Visión del Grupo Celular • La Razón de los Grupos Celulares
SEGUNDA SEMANA	• Requisitos y características del Liderazgo • La Preparación de la Lección
TERCERA SEMANA	• Cómo operan los Grupos Celulares • Cómo se Multiplican los Grupos Celulares
CUARTA SEMANA	• Organización y Control • Examen Final

Tabla 7. Curso de Entrenamiento en Elim

IGLESIA AMOR VIVIENTE

La Iglesia Amor Viviente en Tegucigalpa, Honduras, trata la multiplicación de los grupos celulares con una creatividad increíblemente eficaz. En setiembre de 1996, la iglesia abrió 200 nuevos grupos simultáneamente. Varios aspectos de la metodología de la multiplicación celular son únicos en esta iglesia.

LA MULTIPLICACIÓN SIMULTÁNEA

Los grupos celulares en la IAV se multiplican al mismo tiempo y normalmente en una fecha predeterminada cada año. Sólo alrede-

dor del 10 por ciento de los nuevos grupos se abren en otros momentos. IAV apunta para la marca de un año porque los líderes creen que las células demoran un año para consolidarse.[3] Enfocar en una fecha de multiplicación global tiene varias ventajas:

1. El liderazgo superior puede planificar más concretamente acerca de las futuras metas.

2. El entrenamiento de los nuevos equipos de líderes puede tener lugar al mismo tiempo en la iglesia.

3. Los líderes de sectores, de zonas y de distritos pueden consolidar su tiempo y energía enfocando en un período de tiempo particular de multiplicación.

4. Los nuevos grupos celulares que se abren juntos reciben un apoyo tremendo, asegurando que los grupos más débiles no se quedarán en el camino.

5. La iglesia puede enfocar mejor su oración y apoyo.

Células con 10 miembros

IAV multiplicaba sus grupos al llegar a 15 personas, pero mantener 15 personas durante un período largo de tiempo resultaba algo muy difícil. Hace algunos años, los líderes decidieron que una célula sería un muy buen candidato para multiplicar si promediaba en 10 miembros. Si a una célula asisten regularmente de siete a nueve personas, el supervisor le pide a menudo al líder que establezca metas evangelísticas específicas para alcanzar a otras personas nuevas. Es posible, sin embargo, multiplicar un grupo con sólo ocho personas, porque la clave está en tener un nuevo equipo de líderes fuertes en el lugar. Si un grupo celular no crece, sin embargo, se toman pasos para descubrir la condición espiritual del equipo de líderes de la célula.

EL CONCEPTO DE EQUIPO

Cada nueva célula debe tener un núcleo de líderes de tres personas (líder; el líder auxiliar y tesorero) antes del nacimiento de una
célula. Todos los meses, el supervisor informa al líder de zona sobre
la condición de los grupos, incluso la formación de nuevos equipos
de líderes, bajo su cuidado. El pastor de zona aconseja y anima al
supervisor acerca de la preparación del nuevo equipo de líderes que,
en efecto, servirán como misioneros. La información se pasa al pastor de distrito que asegura a través de los pastores de zona y supervisores que los equipos de líderes están listos para funcionar.

RELACIÓN CON LA CÉLULA MADRE

Dixie Rosales, el director del ministerio celular de IAV, atribuye la
alta calidad de los grupos celulares a la relación madre-hija. Él cree
que la célula establecida debe tomar la responsabilidad por la salud
del nuevo grupo si el nuevo grupo va a tener éxito.[4]

Las células de IAV se reúnen el miércoles por la noche. Cuando
ocurre una multiplicación masiva, las nuevas células se reúnen el
martes por la noche durante los primeros tres meses. Durante estos
tres meses, el equipo de líderes de la célula madre dirige la célula del
miércoles y también asiste al nuevo grupo celular del martes para
ofrecer apoyo y estímulo.[5] Después de los primeros tres meses, los
nuevos grupos empiezan a reunirse el miércoles por la noche y llegan a ser grupos celulares oficiales.

CONSEJOS Y ASESORAMIENTO DURANTE DOS MESES

La entrega de consejos y asesoramiento tiene lugar durante los
primeros dos meses después de una multiplicación masiva. Cada
jueves por medio, de noche, el nuevo equipo celular (líder, ayudante
y tesorero) se reúne con el supervisor inmediato para recibir edificación de las Escrituras, oración, y consejos.[6] Junto con el supervisor

de sección, el pastor de distrito y el pastor de zona deben asistir también a estas reuniones de asesoramiento.

El proceso de multiplicación en IAV

El proceso para empezar los nuevos grupos se toma tan en serio en IAV que empieza cinco meses antes de la fecha de la multiplicación. Los líderes de célula trabajan duramente para desarrollar los nuevos líderes desde el interior de sus grupos. Estos líderes potenciales son bautizados, toman las clases de discipulado, y participan en la vida del grupo celular. El proceso de siete etapas se detalla a continuación:

1. **Metas para la multiplicación.** El proceso empieza cuando un líder de célula comunica la meta para la multiplicación al supervisor del área que informa esto al pastor de zona, que a su vez informa al pastor de distrito. El pastor de distrito se reúne con el líder del ministerio celular para evaluar el número de grupos que se pueden multiplicar. La aprobación final de cuántas nuevas células se abrirán está en manos del pastor principal.

2. **Casa del organizador y el nuevo equipo de dirección.** El líder de célula y el equipo buscan una casa en la misma área que resultará ser un ambiente aceptable para una nueva célula. El supervisor se reúne con cada equipo de líderes mensualmente, y uno de los objetivos es descubrir, estimular y preparar al equipo celular para dar a luz un nuevo grupo.

3. **Seleccionando el equipo de líderes.** Porque un nuevo grupo no puede empezar sin un equipo de dirección (líder, líder auxiliar y tesorero[7]), todas las células se esfuerzan por formar este núcleo de liderazgo nuevo –IAV los llama «misioneros»– que abrirá un nuevo grupo de crecimiento.

4. **Entrevistas.** En el tercer mes de preparación de la multiplicación, el pastor de distrito entrevista a los nuevos líderes acerca de su vida devocional, su estado civil, el tiempo disponible para la iglesia y las actitudes personales. Esta entrevista es para asegurar que el líder pueda permanecer fuerte bajo presión y que el grupo celular tenga una buena oportunidad de sobrevivir.[8]

5. **Entrenamiento y presentación.** Durante el cuarto mes, los nuevos equipos de líderes asisten a una sesión de entrenamiento especial que cubre temas tales como: cómo dirigir la lección, cómo evangelizar, cómo desarrollar la adoración y cómo enfrentar los problemas en el grupo.[9] Antes de la multiplicación, los nuevos equipos de líderes se presentan ante la iglesia, y la iglesia entera ora y ayuna para el éxito de los nuevos grupos.

6. **Evangelización en el grupo celular.** En el quinto y último mes, hay un intenso esfuerzo para evangelizar en el área en la que el nuevo grupo de crecimiento se abrirá. El nuevo equipo de líderes, los miembros del grupo madre, e incluso el supervisor del área evangelizan el barrio juntos.[10] Finalmente, el día viene para que los grupos comiencen.

7. **Asesoramiento.** Como se explicó previamente, los nuevos equipos celulares se reúnen con sus nuevos supervisores y pastores de zona para la oración, estímulo, y asesoramiento. Éste es un tiempo esencial para que los líderes reciban la visión y ayuda.

SUBIENDO LA ESCALA EN EL MINISTERIO

Subir la escalera del liderazgo del ministerio celular depende de varios factores, incluyendo el compromiso de tiempo de la persona, el compromiso espiritual, o el llamamiento o vocación de Dios en su vida. El éxito personal lleva claramente a una responsabilidad mayor en IAV.[11] Los que están en posiciones de liderazgo en la cima han experimentado éxito en la multiplicación y en el liderazgo. Increíblemente, todos los pastores de distrito y de zona tienen trabajos de jornada completa y no son sostenidos por la iglesia, aunque tienen una autoridad increíble dentro de la iglesia.

Algunos aspectos de la reunión celular son distintos en Amor Viviente:

1. Todos en la reunión reciben una copia de la lección.
2. El orden de la reunión es flexible.
3. Cualquiera de los miembros del equipo puede dirigir la lección.
4. La casa de reunión no cambia semana tras semana.

Comunidad Cristiana DOVE

El pastor Larry Kreider nunca pensó empezar una iglesia. Él intentó integrar la cantidad de personas jóvenes que él había ganado para Cristo en las estructuras de las iglesias ya existentes. Sin embargo, por alguna razón, el nuevo vino siguió estallando los odres viejos y que ya existían. Él se rindió finalmente al llamado de Dios en su vida y empezó la Comunidad Cristiana DOVE (PALOMA) en 1980. De un comienzo humilde, la iglesia creció a más de 2.000 personas en 10 años. La congregación del pastor Larry se extendió por una región de siete condados de Pennsylvania. Él describe su experimento de esta manera:

> «Estos creyentes se reunían en más de 100 grupos celulares durante la semana y los domingos por la mañana se reunían en conjuntos de células (congregaciones) en cinco lugares diferentes. … Nuestra meta era multiplicar las células y las celebraciones, empezando nuevas celebraciones los domingos de mañana y nuevos grupos celulares en otras áreas según Dios daba el creci-

miento. ... Durante estos años, se plantaron iglesias en Escocia, Brasil, y Kenya. Estas iglesias extranjeras se construyeron en Jesucristo y en estos mismos principios de casa en casa, subterráneos.»[12]

El pastor Larry cree que la multiplicación y la reproducción claramente demuestran el latido del corazón de Dios por un mundo perdido y agonizante. Él dice que si vamos a estar conectados con Dios, debemos estar dispuestos y comprometidos con una rápida multiplicación.[13] En mayo de 1996, la Comunidad Cristiana DOVE tenía 5.000 creyentes adorando en cinco congregaciones distintas. Los grupos celulares son el corazón y la base de la iglesia. Larry describe su compromiso con el paradigma celular puro en su libro de 1995 titulado *House to House* (De Casa en Casa).

IGLESIA BAUTISTA COMUNIDAD DE FE

Desde que IBCF comenzó la estructura de la célula en mayo de 1988, la multiplicación madre-hija ha sido la norma. El liderazgo espera que cada célula se multiplique dentro del año; si no hace así, el grupo se integra en otro que ya existe. El sistema orgánico creativo de IBCF combina la eficacia del distrito geográfico con la necesidad por el ministerio especializado mejor que cualquier otra iglesia celular. La multiplicación de la célula ocurre dentro de cada distrito.

DISTRITOS GEOGRÁFICOS

Estos distritos se describen como homogéneos con grupos celulares heterogéneos. Los distritos se extienden para alcanzar a las familias que son culturalmente similares. Los grupos con niños se llaman células intergeneracionales. Las divisiones de los distritos estimulan a las células para alcanzar a los vecinos, como también para asimilar los convertidos de la iglesia que vivan cerca. La meta para el año 2000 es de 5.000 grupos celulares en Singapur.[14]

ZONA JUVENIL

Esta zona alcanza a la juventud de 12 a 19 años de edad y requiere más vigilancia que las otras. En lugar de la proporción normal de un supervisor de zona por cada cinco células, los supervisores de zona juveniles vigilan sólo tres células. Las células juveniles evangelizan a través de la evangelización personal y relacional en lugar de los eventos evangelísticos.

DISTRITO PARA ESTUDIANTES UNIVERSITARIOS

Este distrito sirve a los adultos jóvenes cuyas edades oscilan entre 18 y 25 años. Chua Seng Lee, líder de este distrito, establece células en las sedes universitarias y en campamentos del ejército en Singapur. En este distrito, las lecciones celulares normales de IBCF se adaptan, el compromiso de liderazgo es a menudo más corto, y más células se plantan. Los graduados de las zonas juveniles entran en este distrito después del Liceo; los jóvenes mayores de 25 años se gradúan en las células de distrito. Sólo se permite a los obreros futuros quedar dentro de este distrito después de los 25 años de edad.

ZONA DE MÚSICA

Esta zona creativa comprende principalmente a los miembros del Ministerio de Música Touch. Se integran células totalmente con personas no involucradas en la música, aunque los miembros son a menudo amigos de los que están en el ministerio de la música. Debido a las demandas altas del ministerio de la música, los líderes integraron la célula y el ministerio. Jim Egli escribió en 1993: «La razón por qué ellos están organizados en una zona separada es para que los que están en el ministerio de la música no necesiten desarrollar dos niveles de relaciones. Puesto que el ministerio de la música involucra un compromiso de un tiempo bastante considerable, esto alivia su tiempo y los libera."[15]

DISTRITO CHINO

Aunque el idioma inglés unifica los cuatro idiomas mayores hablados en Singapur, no todos pueden hablar bien en inglés. Este distrito alcanza por medio de las células a los que no hablan el idioma inglés. Un culto los domingos de mañana también se dedica a ellos.

DISTRITO DE LOS DISCAPACITADOS

Este distrito alcanza a los discapacitados del oído, a los que tienen que estar siempre en una silla de ruedas, a los incapaces intelectualmente, y a los ciegos. A menudo estas personas no se sienten ni queridas ni cuidadas en los grupos celulares geográficos normales, pero sus necesidades se satisfacen en este distrito. Esta oficina de distrito es organizada con los mismos mapas y procedimientos como los otros distritos.

La naturaleza homogénea de cada distrito ayuda para que la multiplicación ocurra más naturalmente. La estructura orgánica creativa en IBCF es un modelo para la iglesia celular a nivel mundial. La multiplicación celular fluye más rápidamente a lo largo de las líneas homogéneas e IBCF está estructurado para recoger la cosecha.

Resumen del capítulo

- La multiplicación de célula madre-hija da énfasis a la creación de un nuevo grupo celular y funcionando a pleno en el momento de su nacimiento (pág. 189).

- Los principios claves detrás de la multiplicación madre-hija exitosa incluyen: una reunión de planificación con el núcleo de la célula, establecer metas claras, y la evangelización de las amistades de los miembros (pp. 189-191).

- Es posible dar énfasis a un día o mes específico para la multiplicación de todas las células (pág. 192).

- Todas las iglesias mencionadas en este capítulo se ocupan en multiplicar el grupo de líderes, en lugar de enviar a una o dos personas para plantar una nueva célula.

Preguntas para meditar

- ¿El grupo actual fue el resultado de una multiplicación madre-hija? ¿Fue plantado comenzando de cero? ¿Alguna otra combinación? ¿Qué método de multiplicación prefiere usted? ¿Por qué?

- ¿Piensa usted que las iglesias en EE.UU. pueden agregar con éxito otra reunión de planificación semanal además de la reunión celular? ¿Por qué o por qué no?

- ¿Le agrada la idea de multiplicación simultánea? (pp. 192-193) ¿Qué ventajas ofrece? ¿Cuáles son las desventajas?

**LA EXPLOSIÓN DE LOS GRUPOS
CELULARES EN LOS HOGARES**

- ¿Por qué piensa usted que el concepto de equipo en la multiplicación de la célula es más eficaz que la mentalidad del que se larga solo por su cuenta? (pág. 194)

- ¿Está involucrando usted a otros miembros celulares en el liderazgo de la célula? ¿Qué puede hacer usted para aumentar la cantidad de personas involucradas?

PASAJE DE LA BIBLIA RELACIONADO

- Lea Eclesiastés 4:12.

- Estos versículos se aplican a menudo a la firme unión del matrimonio. ¿De qué maneras puede aplicar usted estos versículos a la multiplicación de la célula? Dé ejemplos prácticos.

ACTIVIDADES PRÁCTICAS

- Haga una lista de las personas que comprenden el núcleo de su célula. Ore por ellos para que acepten la responsabilidad de formar parte del equipo.

- Invite el núcleo a su casa para una comida. Durante esta reunión, explique el concepto de trabajar en equipo. Pídales que se comprometan para participar fielmente en la célula con la meta de dar a luz un grupo hija.

- Asista a un seminario celular en el Centro de Oración Mundial Betania en Baker, Louisiana. Observe cómo esta iglesia usa tanto la plantación de células como la multiplicación madre-hija para la evangelización.

CAPÍTULO 13
UNA PARÁBOLA

C ierta vez un hombre tenía un huerto bonito que rendía comida rica y abundante. Su vecino lo vio y plantó su propio jardín la siguiente primavera. Pero no le hizo nada al huerto. No lo regaba, no lo cultivaba ni lo fertilizaba. En el otoño volvió a su huerto devastado. No había fruta y estaba cubierto de yuyos. Sacó como conclusión que ocuparse del huerto no compensaba. Pensándolo un poco más, concluyó que el problema era la tierra mala o quizá no tenía la «mano» que tenía su vecino para el jardín.

Entretanto, un tercer vecino empezó a cultivar su propio huerto. Éste no rindió tanto inmediatamente como el primer hombre, pero trabajó duramente y siguió aprendiendo nuevas habilidades. Mientras se esforzaba, aprendía. Al practicar de año en año lo que iba aprendiendo, su huerto obtuvo una cosecha cada vez más abundante.

Espero que la verdad de esta parábola sea obvia. He viajado por todo el mundo para descubrir los secretos del crecimiento de los grupos pequeños. Fue muy interesante descubrir que los principios eran los mismos en cada país, cultura e iglesia que constituían la diferencia entre el crecimiento de la célula o su estancamiento. El trabajo duro y la aplicación firme de los principios probados separaba a los líderes de grupos exitosos de los demás. Los principios descritos en este libro funcionarán para usted si usted está dispuesto a pagar el precio. No son principios mágicos. Requieren tiempo y esfuerzo.

Mi investigación reveló que los líderes celulares exitosos pasaron más tiempo buscando el rostro de Dios, pendientes de Él para la dirección de su grupo celular. Ellos se preparaban primero y después preparaban la lección. Oraban diligentemente por sus miembros como también por sus contactos no cristianos. Recibieron la revelación de sus metas para la multiplicación en el cuarto de audiencia y estos líderes simplemente obedecían las órdenes para marchar.

Pero los líderes celulares exitosos no se detenían con la oración. Ellos bajaban de la cima de la montaña para comunicarse con personas reales, llenas de problemas y dolor. Pastoreaban los miembros de su célula, visitándolos regularmente. Los que pudieron multiplicar sus grupos no eran inmunes a «las noches oscuras del alma». Ellos también atravesaron sus valles pero se negaron a quedar allí. Se negaron a permitir que los obstáculos –que todos los líderes de célula enfrentan– los vencieran. Fijaron sus ojos en una meta –la de alcanzar un mundo perdido para Cristo a través de la multiplicación de la célula.

Usted también puede llevar su grupo celular al crecimiento y a la multiplicación. Esta «unción» no reposa sobre unos pocos escogidos. Los introvertidos, los que no habían tenido mucha enseñanza, y los que estaban en una posición social más baja tuvieron tanto éxito como sus colegas. Tampoco eran distinguidos por poseer un don particular del Espíritu aquellos que podían multiplicar sus grupos de aquellos que no podían lograrlo. Los líderes celulares exitosos no dependen de sus propios dones. Ellos confían en el Espíritu Santo mientras dirigen toda la célula para alcanzar a la familia, amigos y conocidos.

Mientras viajé alrededor del mundo para descubrir estos principios, me encontré con líderes celulares exitosos en las ocho culturas diferentes. Se me hizo muy claro que la cultura no es un factor determinante en la multiplicación de la célula. Si un líder de célula comienza un grupo en Corea, los Estados Unidos o América Latina, el éxito depende del trabajo duro y la aplicación firme de estos principios básicos. Yo también me encontré con los líderes celulares en cada cultura que sacaban en conclusión que «cultivar un huerto no funciona», y de este modo tenían muy poco resultado. Más allá de la voluntad de trabajar duro, hay dos principios más que deben ser tomados firmemente.

En primer lugar, tenga muy claro cuáles son sus metas –la multiplicación de la célula–. El centro de atención de las iglesias celulares exitosas alrededor del mundo es el crecimiento. Ellos no vacilan en este punto. La multiplicación del pequeño grupo abarca tantas otras cualidades de los líderes que debe ser el enfoque central del ministerio celular. La mayoría de las personas consideran que la multiplicación de la célula es igual a la evangelización, pero la evangelización es sólo una parte de la ecuación. El líder que ha multiplicado su grupo ha desarrollado y ha entrenado a los nuevos líderes, ha encendido una pasión por la evangelización, ha orado fervorosamente por cada miembro, ha pastoreado los miembros centrales, ha visitado a los nuevos y ha comunicado una visión clara de la multiplicación de la célula al resto del grupo.

En segundo lugar, usted debe hacer que el desarrollo de los líderes sea su prioridad principal. Los líderes exitosos de los grupos pequeños ven a cada miembro como un líder potencial. En las iglesias celulares dinámicas (como MCI), todos son un líder potencial y el código genético de multiplicación de la célula se implanta en cada creyente desde el principio.

La explosión de los grupos celulares caseros se está viendo en todo el mundo, pero todavía no ha alcanzado su nivel más alto. El propósito de este libro es ayudarle a afinar su ministerio en los grupos pequeños para que pueda tener un impacto poderoso en un mundo herido. Si su pequeño grupo planta nuevas células o da a luz

células hijas, la meta es la misma –el crecimiento celular explosivo que conduce a la multiplicación–. ¡Si usted trabaja duro, busca a Dios, y pacientemente pone en práctica los principios de crecimiento de la célula, usted verá una cosecha abundante!

Cuestionario: Español
Información personal

Importante: Sólo elija una opción de cada pregunta

1. País
   - ❑ Colombia (1)
   - ❑ Ecuador (2)
   - ❑ Perú (3)
   - ❑ Honduras (4)
   - ❑ El Salvador (5)
   - ❑ Corea (6)
   - ❑ Singapur (7)
   - ❑ Estados Unidos (8)

2. Género del líder
   - ❑ Masculino (1)
   - ❑ Femenino (2)

3. Nivel social
   - ❑ Pobre (1)
   - ❑ Clase Media baja (2)
   - ❑ Clase Media (3)
   - ❑ Clase Media alta (4)

4. ¿Qué edad tiene?_____

5. ¿Cuál es su estado civil?
   - ❑ Casado (1)
   - ❑ Soltero (2)
   - ❑ Divorciado (3)
   - ❑ Separado (4)
   - ❑ Viviendo juntos (5)

6. ¿Cuál es su ocupación?
   - ❑ Un oficio (1)
   - ❑ En una oficina (2)
   - ❑ Profesional (3)
   - ❑ Maestro (4)
   - ❑ Otra (5)

7. ¿Cuál es su nivel de educación?
   - ❑ Primaria (1)
   - ❑ Liceo (2)
   - ❑ Universidad (3)
   - ❑ Graduado (4)
   - ❑ Otro (5)

8. ¿Cuántos líderes auxiliares tiene en su grupo?
   - ❑ 0 líderes auxiliares (1)
   - ❑ 1 líder auxiliar (2)
   - ❑ 2 líderes auxiliares (3)
   - ❑ 3 o más líderes auxiliares (4)

9. ¿Por cuánto tiempo ha conocido al Señor Jesucristo?
   - ❑ Seis meses (1)
   - ❑ Un año (2)
   - ❑ Dos años (3)
   - ❑ Tres años (4)
   - ❑ Más de tres años (5)

10. ¿Cuánto entrenamiento bíblico ha recibido usted?
   - ❑ Menos del promedio de los miembros de la célula (1)
   - ❑ Igual que el promedio de los miembros de la célula (2)
   - ❑ Un poco más que el promedio de los miembros de la célula (3)
   - ❑ Mucho más que el promedio de los miembros de la célula (4)

11. ¿Cuánto tiempo pasa usted en sus devociones diarias? (ej., oración, lectura de la Biblia)
   - ❑ 0-0,5 horas (1)
   - ❑ 0,5 horas (2)
   - ❑ 1 hora (3)
   - ❑ 1-1,5 horas (4)
   - ❑ Más de 1,5 horas (5)

12. ¿Cuánto tiempo pasa usted en oración por los miembros de su grupo?
   - ❑ Diariamente (1)
   - ❑ Día por medio (2)
   - ❑ Una vez por semana (3)
   - ❑ A veces (4)

13. ¿Cuánto tiempo por semana pasa preparando para la lección del grupo celular?
   - ❑ 0-1 hora (1)
   - ❑ 1-3 horas (2)
   - ❑ 3-5 horas (3)
   - ❑ 5-7 horas (4)
   - ❑ Más (5)

INFORMACIÓN SOBRE EL LIDERAZGO DEL GRUPO CELULAR

14. Como líder del grupo celular, ¿cuántas veces por mes tiene usted contacto con los miembros de su grupo?
   - ❑ 1-2 veces por mes (1)
   - ❑ 3-4 veces por mes (2)
   - ❑ 5-7 veces por mes (3)
   - ❑ 8 o más veces por mes (4)

15. ¿Cuántas veces por mes se reúne su grupo para eventos sociales fuera de las reuniones normales del grupo celular?

❑ 0   (1)
❑ 1   (2)
❑ 2, 3   (3)
❑ 4, 5   (4)
❑ 6 o más   (5)

16. Como líder del grupo celular, ¿cuántas veces por mes tiene usted contacto con personas nuevas?

❑ 1-2 veces por mes   (1)
❑ 3-4 veces por mes   (2)
❑ 5-7 veces por mes   (3)
❑ 8 o más veces por mes (4)

17. ¿Cuántas veces por mes anima usted a los miembros de la célula que inviten a sus amigos al grupo celular?

❑ En cada reunión de la célula   (1)
❑ En cada dos reuniones celulares   (2)
❑ A veces   (3)
❑ No mucho   (4)

18. En el último mes, ¿cuántos visitantes tuvo usted en su grupo celular?

❑ 0 visitantes   (1)
❑ 1 visitante   (2)
❑ 2-3 visitantes   (3)
❑ 4-5 visitantes   (4)
❑ 6 visitantes   (5)

19. ¿Sabe usted cuándo se va multiplicar su grupo?

❑ Sí   (1)
❑ No   (2)
❑ No estoy seguro   (3)

20. En su opinión ¿cuál de las áreas siguientes le ayudan más en su ministerio celular?

❑ Su Personalidad   (1)
❑ El entrenamiento Bíblico (2)
❑ El compromiso Espiritual (3)
❑ Los dones del Espíritu Santo   (4)
❑ El cuidado Pastoral   (5)

21. ¿Cuál es su don espiritual primario?

❑ Don de evangelización (1)
❑ Don de liderazgo   (2)
❑ Don de cuidado pastoral (3)
❑ Don de misericordia   (4)
❑ Don de la enseñanza   (5)
❑ Otro   (6)

22. En su opinión, ¿cuál es la razón más importante para que un grupo celular pueda multiplicarse?

❑ La eficacia del líder   (1)
❑ El trabajo arduo de los miembros del grupo   (2)
❑ El lugar donde el grupo se reúne   (3)
❑ El material que el grupo utiliza   (4)
❑ La espiritualidad del grupo   (5)

23. Con respecto a su personalidad, ¿cuál de las siguientes es su tendencia?

❑ Introvertida   (1)
❑ Extrovertida   (2)
❑ Otra   (3)

24. Con respecto a su personalidad, ¿cuál de las siguientes es su tendencia?

❑ Descansada   (1)
❑ Ansiosa   (2)
❑ Otra   (3)

25. ¿Por cuánto tiempo ha estado funcionando su grupo celular?

(Cantidad de semanas que ha estado funcionando).........

26. ¿Cuál es el nivel de homogeneidad en su grupo? (por ejemplo, la misma raza, clase social)

❑ Muy alta   (1)
❑ Alta   (2)
❑ Media   (3)
❑ Baja   (4)
❑ Muy baja   (5)

27. ¿Ya se ha multiplicado su grupo?

❑ Sí   (1)
❑ No   (2)

28. ¿Cuánto tiempo llevó para que Ud. multiplicara su grupo?.....................................

29. ¿Cuántas veces se ha multiplicado su grupo desde que Ud. es el líder?

❑ 0 veces   (1)
❑ 1 vez   (2)
❑ 2 veces   (3)
❑ 3 veces   (4)
❑ 4 veces o más   (5)

NOTAS

INTRODUCCIÓN
1. David Yonggi Cho, Successful Home Cell Groups (Grupos Celulares Caseros Exitosos). (Miami, Fl.: Logos International 1981).

CAPÍTULO 1
1. Jim Egli, del director del departamento de los nuevos productos en TOUCH Outreach Ministries y un estudiante graduado (Ph.D.) de la Universidad Regent, adaptó mi cuestionario (mejorándolo) y lo dio a 200 líderes en el Centro de Oración Mundial Betania en Baker. Sus conclusiones coinciden con las mías, y esto confirma la validez de este estudio.

CAPÍTULO 2
1. Elizabeth Farrell, Aggressive Evangelism in an Asian Metropolis (Una Evangelización Agresiva en Una Metrópolis Asiática), revista Charisma, enero de 1996, págs. 54-56.
2. Ralph W. Neighbour Jr., Where Do We Go From Here: A Guidebook for the Cell Group Church, (¿Adónde Vamos de Aquí: Una Guía para la Iglesia de Grupos Celulares) (Houston, TX: Touch Poublications, 1990), pág. 193.
3. Robert Wuthnow, I Come Away Stronger: How Small Groups are Shaping American Religion, (Vuelvo Con Más Fuerza: Cómo los Grupos Pequeños Están Formando la Religión Norteamericana), (Grand Rapids, MI: William B. Eerdmans Publishing Company, 1994), pág. 370.
4. Wuthnow, pág. 371.
5. Lyle E. Schaller, The New Reformation: Tomorrow Arrived Yesterday (La Nueva Reforma: Mañana Llegó Ayer), (Nashville, TN: Abingdon Press, 1995), pág. 14.
6. Michael C. Mack, The Synergy Church (La Iglesia Sinérgica), (Grand Rapids, MI: Baker Book House, 1991), pág. 99.
7. Mack, pág. 94.
8. Dale Galloway, The Small Group Book (El Libro del Pequeño Grupo), (Grand Rapids, MI: Fleming H. Revell, 1995), pág. 150.
9. Carl George, Prepare Your Church for the Future (Prepare Su Iglesia Para El Futuro), (Grand Rapids, MI: Baker Book House, 1991), pág. 99.
10. The American Heritage Dictionary of the English Language, Third Edition (El Diccionario de la Herencia Americana del Idioma Inglés, Tercera Edición) 1992 por Houghton Milton Co.
11. Ídem.
Cita de Compton's Interactive Encyclopedia (La Enciclopedia Interactiva de Compton). 1994, 1995 Compton's NewMedia, Inc.
12. Mikel Neumann, Home Groups for Urban Cultures: Biblical Small Group Ministry on Five Continents (Grupos Caseros para las Culturas Urbanas: El Ministerio a los Grupos Pequeños Bíblicos sobre Cinco Continentes). 1997. Usado con el permiso del Centro Billy Graham, Wheaton College, Wheaton, IL. 60187-5593.
13. Larry Kreider, House to House (De Casa en Casa) (Houston, TX: Touch Publications), pág. 84.
14. Neighbour, pág. 247.

15. C. Kirk Hadaway, Stuart A. Wright, y Francis DuBose, *Home Cell Groups and House Churches* (Grupos Celulares Caseros e Iglesias Caseras), (Nashville, TN: Broadman Press, 1987), pág. 66.
16. Howard A. Snyder, *The Radical Wesley and Patterns for Church Renewal* (El Wesley Radical y Modelos para la Renovación de la Iglesia) Downers Grove, IL,: Inter Varsity Press, 1980, pág 63.
17. William Brown, «Growing the Church Through Small Groups in the Australian Context» (Aumentando la Iglesia por Medio de los Pequeños Grupos en el Contexto Australiano), disertación D. Min. Seminario Teológico Fuller, 1992, pág. 39.
18. Doyle L. Young, *New Life for Your Church.* (Vida Nueva para su Iglesia). (Grand Rapids, MI: Baker Book House, 1989), pág. 113.
19. George G. Hunter III, *To Spread the Power: Church Growth in the Wesleyan Spirit* (Para Extender el Poder: El Crecimiento de la Iglesia en el Espíritu Wesleyano) (Nashville, TN: Abingdon Press, 1987), pág. 58.
20. Brown, pág. 39.
21. Hunter, pág. 56.
22. William Walter Dean, en su disertación sobre el sistema de clases de Wesley, escribe lo siguiente: «La división celular no era tan frecuente como la que se podría haber esperado. La formación de las clases nuevas era por lejos la forma más frecuente para el crecimiento»." William Walter Dean, «Disciplined Fellowship: The Rise and Decline of Cell Groups in British Methodism» (La Comunión Disciplinada: El Surgimiento y Caída de los Grupos Celulares en el Metodismo Británico). (Universidad de Iowa, Ph.D. disertación, 1985), 266.
23. Hunter, pág. 57
24. T. A. Hegre, «La Vida Que Agrada a Dios», *Mensaje de la Cruz*. Abril-Mayo: 8-16, 1993, pág. 8.
25. Peggy Kannaday, editor de *Church Growth and the Home Cell System* (Crecimiento de la Iglesia y el Sistema Celular Casero) (Seúl, Corea: Church Growth International, 1995) detalla el énfasis de Cho sobre la evangelización celular (pág. 41).
26. Hadaway, pág. 17
27. Las mujeres en la iglesia Yoido están plenamente integradas en el sistema celular, pero una parte menor de los hombres participan en las células. Las estadísticas recientes muestran 19.704 células femeninas, 3.612 células de hombres y 569 células de niños (Kannaday 1995:139).

CAPÍTULO 3

1. David Yonggi Cho, Recruiting Staff For a Large Church (Reclutando El Personal Para Una Iglesia Grande).Church Growth Lectures. Cassette de Audio 2. Seminario Teológico Fuller, Escuela de la Misión Mundial. Pasadena, CA, 1984.
2. David Yonggi Cho, Church Growth (El Crecimiento de la Iglesia). Manual N° 7. (Seúl, Corea: Church Growth International, 1995) págs. 13-16.
3. C. Peter Wagner, Your Spiritual Gifts Can Help Your Church Grow (Sus Dones Espirituales Pueden Ayudar Para el Crecimiento de Su Iglesia) (Glendale, CA: Regal Books, 1994), pág. 157.
4. Esta cita es de un correo electrónico que Jim Egli envió a su profesor de investigación científica en la Universidad Regent en la primavera de 1997.

CAPÍTULO 4

1. Robert J. Clinton, *The Making of a Leader* (La Formación de un Líder) (Colorado Springs: NavPress, 1988), pág 127.
2. Clinton, pág. 69.
3. Ralph Neighbour, *The Shepherd's Guidebook: A Leader's Guide for the Cell Group Church* (La Guía del Pastor: La Guía del líder Para la Iglesia Celular) (Houston, TX: Touch Publications, 1992), pág. 49.
4. Neighbour, 1992, pág. 48.
5. Carl George, *How To Break Growth Barriers* (Cómo Quebrar las Barreras del Crecimiento) (Grand Rapids, MI: Baker Book House, 1993), pág. 38.
6. Oswaldo Cruzado, «El Tiempo Devocional» Un Manual de la Alianza en el Distrito Hispano del Este (Alianza Cristiana y Misionera, n.d.), pág. 1.

7. Cita de Peter Wagner, en *Prayer Shield* (Escudo de Oración) (Ventura CA: Regal Books, 1992), pág. 86.
8. Wagner, 1992, pág. 86.
9. Charles R. Swindoll, *Intimacy with the Almighty* (Intimidad con el Todopoderoso) (Dallas, TX: Word Publishing, 1996), pág. 28.
10. Swindoll, págs. 17-18.
11. Neighbour, 1992, pág. 50.
12. Matthew Henry, en el Comentario Bíblico de Matthew Henry (Peabody, MA: Hendrickson Publishers, 1991) en un CD-ROM, escribe: «Podemos estar presentes en espíritu con aquellas iglesias y con los cristianos de los cuales estamos ausentes en el cuerpo; porque la comunión de los santos es algo espiritual. Pablo había oído acerca de los colosenses que eran ordenados y metódicos; y aunque él nunca los había visto, ni estaba presente con ellos, les dice que fácilmente podía sentirse entre ellos y mirar con agrado su buena conducta».
13. C. Pater Wagner, *Prayer Shield* (Escudo de Oración) (Ventura CA: Regal Books, 1992).
14. Brother Lawrence, *The Practice of the Presence of God* (La Práctica de la Presencia de Dios) (Grand Rapids, MI: Fleming H. Revell), pág. 31.
15. A. W. Tozer, *The Pursuit of God* (La Búsqueda de Dios) (Harrisburg, PA: Christian Publications, Inc.), pág. 91.
16. Andrew Murray, *With Christ in the School of Prayer* (Con Cristo en la Escuela de la Oración) (New York: Loizeaux Brothers, Inc. Publishers, n.d.), págs. 16-23.
17. Ed Silvoso, en *That None Should Perish* (Que Nadie Perezca) (Ventura, CA: Regal Books, 1994), escribe acerca de una estrategia eficaz estableciendo pequeños grupos dedicados a orar por los perdidos (págs. 253-264). Bruno Radi (Iglesia del Nazareno) ha establecido un movimiento de células de oración en América Latina.
18. C. Peter Wagner, en *Churches That Pray* (Las Iglesias que Oran) (Ventura, CA: Regal Books, 1993), explica el fenómeno del movimiento de oración (págs. 13-32). Wagner está a la cabeza de este movimiento como director de la Huella de Oración A.D. 2000.
19. Ídem.
20. Entrenamiento Interno de Líderes Celulares, Singapur: Touch Ministries international, 1996), Sección 5, pág. 4.
21. Floyd L. Schwanz, *Growing Small Groups* (En Crecimiento de los Grupos Pequeños) (Kansas City, MI: Beacon Hill Press, 1995), pág. 140.
22. Para solicitar estos perfiles de oración, póngase en contacto con: Proyecto de los Pueblos No Alcanzados, 13855 Plank Road, Baker, LA 70714 USA, Tel. 504-774-2002, Correo Electrónico: upg@bethany-wpc.org.
23. C. Peter Wagner, *Churches That Pray* (Iglesias Que Oran) (Ventura, CA: Regal Books, 1993), pág. 119.
24. Jeffrey Arnold, *The Big Book on Small Groups* (El Libro Grande sobre los Grupos Pequeños) (Downers Grove, IL: Inter Varsity Press, 1992), pág. 170.
25. Ralph Neighbour Jr. «Barriers to Growth» (Barreras al Crecimiento) Revista Cell Church (Verano 1997), pág. 16.

Capítulo 5

1. C. Kirk Hadaway, *Church Growth Principles: Separating Fact from Fiction* (Principios para el Crecimiento de la Iglesia: Separando los Hechos de la Ficción) (Nashville, TN: Broadman Press, 1991), págs. 120-121.
2. Ted W. Engstrom, *The Making of a Christian Leader* (La Formación de un Líder Cristiano) (Grand Rapids, MI: Zondervan Publishing House, 1976), pág. 106.
3. William Carey a menudo es mencionado como el «padre del movimiento misionero moderno». Carey citó esto como parte de un sermón sobre Isaías 54:2.
4. David Yonggi Cho, *Successful Home Cell Groups* (Grupos Celulares Caseros Exitosos). (Miami, FL: Logos International 1981), pág. 162.
5. David Yonggi Cho, *Church Growth* (El Crecimiento de la Iglesia). Manual N° 7 (Seúl, Corea: Church Growth International, 1995), pág. 18.
6. Ídem, pág. 18
7. Galloway, *The Small Group Book* (El Libro del Grupo Pequeño). (Grand Rapids, MI: Fleming H. Revell, 1995), pág. 62.

8. C. Kirk Hadaway, Stuart A. Wright, y Francis DuBose, *Home Cell Groups and House Churches* (Grupos Celulares Caseros e Iglesias Caseras). (Nashville, TN: Broadman Press, 1987), pág. 101.
9. George Barna, *The Power of Vision* (El Poder de la Visión). (Ventura, CA: Regal Books, 1992), pág. 29.
10. Warren Bennis y Burt Nanus, *Leaders: The Strategies For Taking Charge* (Líderes: Las Estrategias Para Asumir el Liderazgo). (New York: Harper Perennial, 1985), pág. 107.
11. Raymond E. Ebbett, un misionero de la Alianza Cristiana y Misionera y plantador de iglesias celulares en España, menciona esta historia en C&MA CELLNET (Red Celular de la Alianza Cristiana y Misionera) Nº 04B, viernes 20/6/97.
12. C. Kirk Hadaway, Stuart A. Wright, y Francis DuBose, *Home Cell Groups and House Churches* (Grupos Celulares Caseros e Iglesias Caseras). (Nashville, TN: Broadman Press, 1987), pág. 19.
13. Karen Hurston, «The Importance of Small Group Multiplication», (La Importancia de la Multiplicación del Grupo Pequeño) en *Global Church Growth* (Vol. XXXII, no 4, 1995), pág. 12.
14. George Barna, *The Power of Vision* (El Poder de la Visión). (Ventura, CA: Regal Books, 1992), pág. 148.
15. Citado en C. Peter Wagner, «Pragmatic Strategy for Tomorrow's Mission» (La Estrategia Pragmática para la Misión de Mañana) en *God, Man and Church Growth* (Dios, el Hombre y el Crecimiento de la Iglesia) (Grand Rapids, MI: Baker Book House, 1973), págs. 146, 147.
16. Warren Bennis y David Yonggi Cho, *Leaders: The Strategies For Taking Charge* (Líderes: Las Estrategias Para Asumir el Liderazgo). (New York: Harper Perennial, 1985), pág. 226.
17. Richard B. Wilke, *And Are We Yet Alive?* (¿Y Estamos Todavía Con Vida?). (Nashville, TN: Abingdon Press, 1986), pág. 59.
18. Thomas J. Peters, *Thriving on Chaos* (Prosperando con el Caos). (New York: Harper Perennial, 1987), pág. 284.
19. Ídem.
20. En la iglesia de Cho, la meta para cada grupo celular es la de ganar una familia para Cristo cada seis meses. Si el grupo no cumple esa meta, Cho les envía a la Montaña de Oración Yoido.
21. Ralph Neighbour, *New Believer's Station* (La Estación del Recién Convertido) (Houston, TX: Touch Publications, 1995), pág. 75.

CAPÍTULO 6

1. Matthew Henry, en el Comentario Bíblico de Matthew Henry (Peabody, MA: Hendrickson Publishers, 1991) en un CD-ROM. Comentario sobre Juan 4:27-42.
2. Larry Kreider se refirió a esta conversación con Cho durante una discusión en panel en el seminario Posdenominacional el 22 de mayo de 1996.
3. Carl George, *The Coming Church Revolution* (La Revolución Futura de la Iglesia). (Grand Rapids, MI: Fleming H. Revell, 1994), pág. 48.
4. Roland Allen, *Missionary Methods: St. Paul's or Ours?* (Grand Rapids: Eerdmans, 1962), págs 84-94.
5. Roland Allen, *The Spontaneous Expansion of the Church and the Causes Which Hinder It* (La Expansión Espontánea de la Iglesia y las Causas que la Impiden). 3ª Edición. (Londres: World Dominion Press, 1956), pág. 9.
6. David Sheppard, *Built As A City: God and the Urban World Today* (Edificado Como una Ciudad: Dios y el Mundo Urbano Hoy). (Londres: Hodder and Stroughton Publishers, 1974), pág. 123.
7. Aubrey Malphurs, *Planting Growing Churches for the 21st Century* (Plantando Iglesias Crecientes para el Siglo XXI). Grand Rapids, MI: Baker Book House, 1992, págs. 145-146.
8. C. Kirk Hadaway, Stuart A. Wright y Francis DuBose, *Home Cell Groups and House Churches* (Grupos Celulares Caseros e Iglesias Caseras). (Nashville, TN: Broadman Press, 1987), pág. 203.

9. Eddie Gibbs dice que Wasdell crea el término «criador de líderes» para describir el desarrollo del liderazgo en los grupos celulares, en *I Believe in Church Growth* (Yo Creo en el Crecimiento de la Iglesia). (Grand Rapids: Eerdmans Publishing Company, 1981), pág. 260.
10. C. Kirk Hadaway, Stuart A. Wright y Francis DuBose, *Home Cell Groups and House Churches* (Grupos Celulares Caseros e Iglesias Caseras). (Nashville, TN: Broadman Press, 1987), pág. 201.
11. *Journey Guide* (Guía del Viaje) y otras valiosas herramientas para el líder celular se podrán conseguir de TOUCH Outreach Ministries. Para más información visite su página web (www.touchusa.org) o llame al teléfono 800-735-5865. (Fuera de los EEUU: 281-497-7901.)
12. Ralph Neighbour, *The Shepherd's Guidebook: A Leader's Guide for the Cell Group Church* (La Guía del Pastor: La Guía del líder Para la Iglesia Celular). (Houston, TX: Touch Publications, 1992), pág. 42.
13. Faith Community Baptist Church (Iglesia Bautista Comunidad de Fe) en Singapur entrena a sus líderes celulares a bautizar y a servir la cena en la célula, pero los líderes no servían la cena (comunión) en las otras iglesias investigadas.
14. Carl George, *Prepare Your Church for the Future* (Prepare Su Iglesia Para El Futuro). (Grand Rapids, MI: Baker Book House, 1991), pág. 68.
15. Estas son las características de los líderes según la lista de Larry Kreider en *House to House* (De Casa en Casa). (Houston, TX: Touch Publications, 1995), págs. 41-53.
16. Karen Hurston, *Growing the World's Largest Church* (El Crecimiento de la Iglesia Más Grande del Mundo). (Springfield, MI: Chrism, 1994), pág. 68
17. Hurston, pág. 194.
18. Dale Galloway, *The Small Group Book* (El Libro del Pequeño Grupo). (Grand Rapids, MI: Fleming H. Revell, 1995), pág. 105.
19. Citado en Carl George, *Prepare Your Church for the Future* (Prepare Su Iglesia Para El Futuro). (Grand Rapids, MI: Baker Book House, 1991), págs. 203-204.
20. La cantidad de entrenamiento en el momento de la investigación varió grandemente entre las distintas iglesias. Agua Viva en Lima, Perú, requería un curso de capacitación de un año. La Misión Carismática Internacional requería un retiro de un fin de semana y un curso central de tres meses. Elim requería un curso de entrenamiento para el liderazgo de cuatro semanas; el entrenamiento para el liderazgo en la Iglesia Bautista Comunidad de Fe era más extenso.
21. El pastor principal de la Alianza Cristiana y Misionera en Colombia usaba un manual que recomienda mantener sesiones de entrenamiento bimensuales con todo el liderazgo celular. En mis tres años y medio de obra misionera en Ecuador, estas sesiones de entrenamiento bimensuales probaron ser la columna vertebral del ministerio celular.
22. En su libro *Where Do We Go From Here?* (¿Adónde Vamos de Aquí?). (Houston, TX: Touch Publications, 1990, págs. 73-80). Ralph Neighbour Jr. Escribe del sistema de aprendizaje (o sea, el modelo Jetro) que es tan común en las iglesias celulares hoy día.
23. Los libros principales usados para el entrenamiento de líderes son *El Líder en los Grupos* (Group Leaders C.A.F.E. 2000), y un libro escrito por César Castellanos (1996) llamado *Encuentro*.
24. En MCI todo el mundo sabe que su ministerio juvenil es el más eficaz en la iglesia. Los líderes allí saben que las ideas y los métodos son probados entre los jóvenes; si funcionan, entonces son implementados en toda la iglesia.
25. Hay un movimiento creciente hacia la plantación celular, que coloca un fuerte énfasis en la evangelización individual y la multiplicación. El ministerio en equipo es también una parte de la plantación de células a través del proceso del discipulado («Grupos de Doce»).
26. A veces la administración puede tener una reunión para todos los tesoreros para compartir acerca de una apremiante necesidad financiera en la iglesia. Todo el dinero recibido en el grupo va directamente a la iglesia, con la excepción de aquellos grupos que contratan vehículos colectivos (buses) para el culto del sábado. En dicho caso, todas las demás ofrendas son para las iglesias. Los tesoreros están encargados de tomar los diezmos y ofrendas del pueblo.

27. Warren Bennis y Burt Nanus, *Leaders: The Strategies For Taking Charge* (Líderes: Las Estrategias Para Asumir el Liderazgo). (New York: Harper Perennial, 1985), pág. 71.
28. Citado en Thomas J. Peters, *Thriving on Chaos* (Prosperando con el Caos). (New York: Harper Perennial, 1987), pág. 315.
29. Ídem, págs. 316-317.

Capítulo 7

1. La interpretación más común de «pueblo nuevo» se refiere a los que han visitado el grupo celular o la iglesia pero que todavía no están comprometidos como miembros.
2. Larry Stockstill, *Calling Out' to Win the Lost. An Interview with Larry Stockstill.* (Clamando para Ganar a los Perdidos. Una Entrevista con Larry Stockstill). Ministries Today (Julio/Agosto, 1996), págs. 37-40.
3. Herb Miller, *How to Build a Magnetic Church* (Cómo Edificar una Iglesia Magnética). Serie Liderazgo Creativo. Lyle Schaller, ed. (Nashville, TN: Abingdon Press, 1987), págs. 72-73).
4. Galloway, *The Small Group Book* (El Libro del Pequeño Grupo). (Grand Rapids, MI: Fleming H. Revell, 1995), pág. 62.
5. Miller, pág. 32.
6. Richard Price y Pat Springer, *Rapha's Handbook for Group Leaders* (El Manual de Rapha para los Líderes de Grupos). (Houston, TX: Rapha Publishing, 1991), pág. 132.
7. Ralph Neighbour Jr., *The Shepherd's Guidebook: A Leader's Guide for the Cell Group Church* (La Guía del Pastor: La Guía del líder Para la Iglesia Celular). (Houston, TX: Touch Publications, 1992), pág. 61.
8. Ralph Neighbour Jr., *Building Awareness Opening Hearts* (Edificando la Conciencia al Abrir los Corazones). (Houston, TX: Touch Publications, 1992), pág. 72.
9. David Yonggi Cho, *Church Growth.* Manual Nº 7. (Seúl, Corea: Church Growth International, 1995) pág. 19.

Capítulo 8

1. Dale Galloway, *The Small Group Book* (El Libro del Pequeño Grupo). (Grand Rapids, MI: Fleming H. Revell, 1995), pág. 122.
2. David Yonggi Cho, Recruiting Staff For a Large Church (Reclutando El Personal Para Una Iglesia Grande).Church Growth Lectures. Cassette de Audio 2. Seminario Teológico Fuller, Escuela de la Misión Mundial. Pasadena, CA, 1984.
3. Michael C. Mack, *The Synergy Church* (La Iglesia Sinérgica). (Grand Rapids, MI: Baker Book House, 1996), pág. 53.
4. Una cita del repartido de Larry Stockstill del Seminario Posdenominacional (Mayo 22, 1996).
5. La cantidad de 700.000 es una cifra de membresía de las personas que diezman en la Iglesia del Pleno Evangelio Yoido y por lo tanto están en la lista. La asistencia de los domingos por la mañana no llega ni cerca de 700.000. Un domingo en abril de 1997, alrededor de 153.000 personas asistieron a un total de siete cultos de Yoido. Alrededor de 100.000 más asistieron a una de las 12 capillas regionales en Seúl, Corea.
6. Karen Hurston, *Growing the World's Largest Church* (El Crecimiento de la Iglesia Más Grande del Mundo). (Springfield, MI: Chrism, 1994), pág. 107.
7. Paul Meier, Gene A. Getz, Richard A. Meier y Allen R. Doran, *Filling the Holes in Our Souls: Caring Groups that Build Lasting Relationships* (Llenando los Vacíos en Nuestras Almas: Grupos de Asistencia que Edifican Relaciones Duraderas). (Chicago: Moody Press, 1992), pág.180.
8. Peter Wagner, ed. *Church Growth: The State of the Art* (El Crecimiento de la Iglesia: El Estado de Este Arte). (Wheaton. IL: Tyndale, 1986), págs. 74-84.
9. Dale Galloway, *20/20 Vision* (Visión 20/20). (Portland, OR: Scott Publishing, 1986), pág. 144.
10. Peggy Kannaday, ed. *Church Growth and the Home Cell System* (El Crecimiento de la Iglesia y el Sistema Celular Casero). (Seúl, Corea: Church Growth International, 1995), pág. 19.
11. *Small Group Evangelism* (La Evangelización en Grupos Pequeños). (Pasadena, CA: Seminario Teológico Fuller, 1996).
12. Peace (Paz), pág. 36.

13. Peace (Paz), pág. 27.
14. Howard A. Snyder, *The Radical Wesley and Patterns for Church Renewal* (El Wesley Radical y Modelos para la Renovación de la Iglesia). (Downers Grove, IL,: Inter Varsity Press, 1980), pág 55.
15. David Sheppard, *Built As A City: God and the Urban World Today* (Edificado Como una Ciudad: Dios y el Mundo Urbano Hoy). (Londres: Hodder and Stroughton Publishers, 1974), pág. 127.
16. David Hocking, *The Seven Laws of Christian Leadership* (Las Siete Leyes del Liderazgo Cristiano). (Ventura, CA: Regal Books, 1991), pág. 63.
17. Stephen Covey, *The 7 Habits of Highly Effective People* (Las 7 Costumbres de las Personas Muy Eficaces). (New York: Simon & Schuster, 1989), pág. 239.
18. Judy Hamlin, *The Small Group Leaders Training Course* (El Curso de Entrenamiento de los Líderes de Pequeños Grupos). (Colorado Springs, CO: NavPress, 1990), págs. 54-57.
19. Las dos «E» (Evangelización y Edificación) o las dos «M» (Ministerio y Misión) nos dan una guía fácil para memorizar. Primero, las células ministran las unas a las otras y las células deben multiplicar por medio de la evangelización.
20. Cuatro libritos del Track Pack (Paquete de la Huella). (Houston, TX: Touch Publications, 1996), enfatizan la enseñanza al creyente nuevo de evangelizar a los que no son creyentes. También en *The Shepherd's Guidebook: A Leader's Guide for the Cell Group Church* (La Guía del Pastor (de ovejas): La Guía del Líder para la Iglesia de Grupos Celulares). (Houston, TX: Touch Publications, 1992), pág. 27, Ralph Neighbour Jr.. trata con las diferentes clases de creyentes.
21. Ralph Neighbour Jr., *Building Groups Opening Hearts* (Edificando a los Grupos al Abrir los Corazones). (Houston, TX: Touch Publications, 1991), pág. 60.

Capítulo 9

1. F. F. Bruce *The Epistle to the Ephesians and Colossians in The New International Commentary in the New Testament* (Las Epístolas a los Efesios y Colosenses en el Nuevo Comentario Internacional en el Nuevo Testamento). (Grand Rapids: Eerdmans, 1957), págs. 309-310.
2. David Yonggi Cho, *Successful Home Cell Groups* (Grupos Celulares Caseros Exitosos). (Miami, FL: Logos International, 1981), pág. 59.
3. Carl George, *The Coming Church Revolution* (La Revolución Futura de la Iglesia). (Grand Rapids, MI: Fleming H. Revell, 1994), pág. 94.
4. Ron Nichols, *Good Things Come In Small Groups* (Las Cosas Buenas Suceden en los Grupos Pequeños). (Downers Grove, IL: Inter Varsity Press, 1985), pág. 25.
5. George G. Hunter III, *Crich Christians in an Age of Hungerhurch for the Unchurched* (Iglesia para los Sin Iglesia). (Nashville, TN: Abingdon Press, 1996), págs. 116-117.
6. Ronald J. Sider, *Rich Christians in an Age of Hunger* (Cristianos Ricos en una Era de Hambre). (Downers Grove, IL: Inter Varsity Press, 1984), pág. 187.
7. Ídem, pág. 185.
8. El Centro de Servicios de la Comunidad Touch es una organización separada, sin fines de lucro, que recibe ayuda financiera del gobierno de Singapur. Por esta razón, no se permite la proclamación abierta del Evangelio. La mayoría, no todos los miembros del personal, pertenece a la iglesia.
9. Judy Johnson, *Good Things Come in Small Groups* (Las Cosas Buenas Suceden en los Grupos Pequeños). (Downers Grove, IL: Inter Varsity Press, 1985), pág. 176.

Capítulo 10

1. Schwanz, pág. 144.
2. Ralph Neighbour Jr., *Where Do We Go From Here?* (¿Adónde Vamos de Aquí?). (Houston, TX: Touch Publications, 1990), pág. 70.
3. En el Capítulo 13 de *Los Grupos Celulares Exitosos* de David Cho (Miami, FL: Logos International, 1981), se discute la importancia de reconocer el liderazgo de la célula delante de la congregación.
4. Dale Galloway, *The Small Group Book* (El Libro del Pequeño Grupo). (Grand Rapids, MI: Fleming H. Revell, 1995), pág. 126.

LA EXPLOSIÓN DE LOS GRUPOS CELULARES EN LOS HOGARES

5. John K. Brilhart, *Effective Group Discussion* (La Discusión Eficaz en Grupo) 4ª Ed. (Dubuque, Iowa: William C. Brown Company Publishers, 1982), pág. 59.
6. Dale Galloway, *The Small Group Book* (El Libro del Pequeño Grupo). (Grand Rapids, MI: Fleming H. Revell, 1995), pág. 145.
7. John Mallison, *Growing Christians in Small Groups* (Cristianos Creciendo en Grupos Pequeños). (Londres: Scripture Union, 1989), pág. 25.
8. Carl George, *How to Break Growth Barriers* (Cómo Quebrar las Barreras del Crecimiento). (Grand Rapids, MI: Baker Book House, 1993), pág. 136.
9. Donald McGavran, *Understanding Church Growth* (Entendiendo el Crecimiento de la Iglesia) 3ª Edición. (Grand Rapids, MI: William B. Eerdmans Publishing Company, 1990), págs. 215-216, 223.
10. Karen Hurston, *Growing the World's Largest Church* (El Crecimiento de la Iglesia Más Grande del Mundo). (Springfield, MI: Chrism, 1994), pág. 93.
11. Robert E. Logan, *Beyond Church Growth* (Más Allá del Crecimiento de la Iglesia). (Grand Rapids, MI: Fleming H. Revell, 1989), pág. 138.
12. Bob Logan y Jeannette Buller ofrecen una excelente visión en cuanto a la multiplicación celular en diskette de computadora llamada CompuCoach96. Este programa para los sistemas Windows y Apple enfoca en la plantación de iglesias.
13. Ralph Neighbour, *The Shepherd's Guidebook: A Leader's Guide for the Cell Group Church* (La Guía del Pastor: La Guía del líder Para la Iglesia Celular). (Houston, TX: Touch Publications, 1992), págs. 32-35.
14. Ídem, pág. 113.
15. Floyd L. Schwanz, *Growing Small Groups* (El Crecimiento de los Grupos Pequeños). (Kansas City, MI: Beacon Hill Press, 1995), pág. 145.
16. Manual para los que son Entrenados en la Iglesia Bautista Comunidad de Fe, Sección 6, pág. 3.
17. Carl George, *Prepare Your Church for the Future* (Prepare Su Iglesia Para El Futuro). (Grand Rapids, MI: Baker Book House, 1991), pág. 101.

CAPÍTULO 11

1. Ídem, pág. 44.
2. Por lo menos la mitad del personal de liderazgo son mujeres. Claudia Castellanos ha modelado una fuerte influencia en el liderazgo. Ella formó parte del Senado de Colombia en 1989.
3. El nuevo avance en marzo de 1997 era que cada discipulador de 12 mantuviera también un grupo celular evangelístico.
4. Las células juveniles son una categoría separada. Ellas organizan sus propias estadísticas y programa.
5. Una de las áreas de experiencia de Pierson está en los movimientos espirituales que han impactado la historia de la misión.
6. Los departamentos incluyen: jóvenes, profesionales, adoración, guerra espiritual, ministerio de varones, ministerio de mujeres, asesoramiento, ujieres, seguimiento, acción social, cuidado pastoral, contabilidad, vídeo, sonido, librería, etc.
7. Un departamento ministerial como sonido, acción social o contabilidad tiene menos células que los ministerios mayores tales como jóvenes, adoración, ministerio de varones o ministerio de mujeres. Pero los líderes de estos ministerios menores tienen doce discípulos que a su vez tienen grupos celulares.
8. En octubre de 1996, los departamentos mayores que tuvieron sus reuniones congregacionales semanales en el santuario fueron: Hombres, Guerra Espiritual, Sanidad y Milagros, Adoración, Parejas, Mujeres, y Jóvenes. Los adolescentes y los niños pequeños tienen sus propias células. En ese mismo mes el departamento de intermedios (adolescentes) tenía 171 grupos celulares. También tuvieron su reunión congregacional y se reunieron nuevamente el domingo de mañana. Las células para niños se describen mejor como clubes bíblicos caseros dirigidos por adultos. Pero la meta es de animar a los niños a hacer sus propios discípulos y de tomar más responsabilidad para dirigir el grupo. Los niños también tienen su reunión congregacional durante la semana.
9. Normalmente, entre 20 y 500 personas responden a la invitación.

10. Cuando visité MCI en marzo de 1997, se programaron nueve Encuentros para un fin de semana con la asistencia de aproximadamente 500 jóvenes.
11. La cita de Larry en *Ministries Today* (Ministerios Hoy). (Julio, 1996, pág. 39). Los "salvos" es una categoría solicitada en los formularios del informe semanal de las células.
12. Neighbour, *Building* (Edificando), págs. 72-73.
13. Neighbour, *Building* (Edificando), pág. 73.
14. En julio de 1997 Betania tenía problemas para recibir los informes estadísticos semanales de los nuevos grupos celulares homogéneos.
15. Más recientemente él reúne a todos los líderes de células en forma mensual en lugar de hacerlo cada semana. Según el pastor Larry, la supervisión es justamente esa supervisión. Todos los meses él trata de estimular a los líderes con un entendimiento de la importancia de su papel.
16. Larry Stockstill, *Celling Out' to Win the Lost*. (Evangelizando para Ganar a los Perdidos). Una entrevista con Larry Stockstill, revista Ministries Today (Julio/Agosto, 1996), pág. 37.
17. El pastor Larry hizo estos comentarios durante el almuerzo del pastor principal en la conferencia celular de junio de 1996
18. Esta estadística estaba en la Guía del Visitante a la Iglesia (Junio, 1996), pág. 16.

Capítulo 12

1. Si una determinada zona objetivo no puede ser alcanzada fácilmente por la multiplicación de un grupo, Elim encuentra que a menudo es mejor buscar a alguien de esa zona para abrir su hogar para plantar una célula y luego proveer un líder entrenado para comenzar un grupo nuevo.
2. Elim no había sido influenciada por misioneros de afuera. Tampoco el pastor Sergio Solózano fue entrenado en EEUU ni en Europa.
3. Durante algunos años, el enfoque está en nutrir las células en oposición a su multiplicación, y de esta manera, ningún grupo multiplica.
4. Cuando se plantan células nuevas, es frecuente que ningún grupo existente tome responsabilidad por el grupo nuevo.
5. El equipo de liderazgo de la célula madre hace un gran compromiso: dos células por semana por tres meses. Así que el equipo de líderes es estimulado a reunirse rotando. Por ejemplo, si hay cinco miembros en el equipo de líderes, quizás tres asistirán un martes y los otros dos el martes siguiente.
6. Un orden estricto para estos períodos de consejos/asesoramiento se desarrolla en el manual para las células de la Iglesia Agua Viva.
7. El director de los grupos celulares dice que él podría permitir que un grupo comience con una combinación de líder y colaborador o líder y tesorero. Sin embargo, un grupo nuevo necesita por lo menos tres miembros antes de empezar.
8. Por causa del proceso en profundidad en la preparación de líderes, sólo uno de cada diez grupos celulares fracasa.
9. Durante los primeros tres meses, los grupos nuevos siguen un material específico denominado «La Vida Cristiana Victoriosa». Estas lecciones cubren temas diseñados para enseñar la fe, la obediencia, la confesión, las pruebas, la oración y la Palabra de Dios.
10. Esta evangelización toma varias formas. Toda la zona puede planificar una actividad evangelística (por ejemplo, una película, un orador especial). La célula puede alcanzar el barrio mediante algún tipo especial de evangelización (por ejemplo, invitar para la celebración del Día de la Madre o una cena especial). Estos acontecimientos especiales del grupo no ocurren los miércoles, cuando el grupo debe seguir la forma normal de la célula.
11. Por ejemplo, Dixie Rosales es el director de todo el ministerio celular en la IAV en Tegucigalpa. Él comenzó como un miembro celular en 1986, pronto llegó a ser el colaborador del líder celular, y luego le pidieron que dirigiera una nueva célula. Esa nueva célula finalmente dio nacimiento a cuatro grupos nuevos. A Dixie entonces le pidieron que fuera el pastor de zona sobre 25 células. Por su éxito allí, él ahora dirige todo el ministerio celular.

LA EXPLOSIÓN DE LOS GRUPOS CELULARES EN LOS HOGARES

12. Larry Kreider, *House to House* (De Casa en Casa). (Houston, TX: Touch Publications), pág. 7.
13. Larry está hablando tanto de una rápida multiplicación de la célula como de la multiplicación de la iglesia (es decir, plantación de iglesias). Él hizo esta declaración el 22 de mayo durante un Seminario Posdenominacional.
14. Esta meta es muy alta. En este momento hay alrededor de 530 células en la iglesia.
15. Jim Egli, *North Star Strategies* (Estrategias Estrella del Norte) Informe Especial #5. (Urbana, Illinois, 1993), pág. 12.

ÍNDICE TEMÁTICO

**LA EXPLOSIÓN DE LOS GRUPOS
CELULARES EN LOS HOGARES**

ÍNDICE TEMÁTICO